天皇と般若心経

空海『般若心経秘鍵』上表文を読み解く

武内孝善

Kozen TAKEUCHI

春秋社

天皇と般若心経——空海『般若心経秘鍵』上表文を読み解く　目次

第三章　嵯峨天皇宸筆『般若心経』の天覧・頂戴…………79

天皇と般若心経——空海『般若心経秘鍵』上表文を読み解く

プロローグ

　今上陛下は令和三年二月、誕生日の記者会見の席で、コロナ禍に苦しむ国民に対する天皇の在り方を問われ、疫病《えきびょう》の収束を願って嵯峨天皇が書写された『般若心経』にふれて、「歴代の天皇はその時代時代にあって、国民に寄り添」ってこられた、と語られた。

　この嵯峨天皇宸筆《しんぴつ》の『般若心経』の出典は、空海が撰述した『般若心経秘鍵《ひけん》』の巻末に付された「上表文《じょうひょうぶん》」である。この「上表文」は、空海の真撰ではなく、後世に偽作されたものである。

　それにもかかわらず、大覚寺に秘蔵されてきた嵯峨《さが》天皇宸筆の『般若心経』は、鎌倉時代以降、疫病・飢饉《ききん》などが大流行するたびごとに、疾疫《しつえき》退散に霊験あらたかな『般若心経』として、大覚寺から御所に運ばれ、天皇をはじめ多くの人たちに礼拝・頂戴されてきた。

　この礼拝・頂戴の歴史の全貌は、いまだ明らかではない。なぜなら、この礼拝・頂戴の事例を紹介する論考は数篇にすぎず、しかも二・三の事例をとりあげるだけだからである。私自身、その全貌を明らかにしえたわけではないけれども、これまでに二十数例をみいだすことができた。

そこで、本書では特に、わが国中世のひとたちが、疫病・飢饉などが大流行するに際して、いかなる行動をとり、どのように対処したかを、大覚寺に秘蔵されてきた「勅封《ちょくふう》心経」の礼拝・頂戴を中心に見ていきたい。

はじめに――コロナ禍のいま、『般若心経秘鍵』に注目

新型コロナウイルスが猛威を振るっている今日、空海が『般若心経』の秘密を解き明かした著作『般若心経秘鍵』（以下、『秘鍵』と略称す）が注目されている。

なぜ、注目されているのか。

それは、『秘鍵』の巻末に付された「上表文」の一節に、「感染症に関連する記録」が見られるからである。その一節とは、つぎのように記されている。


【資料1】『秘鍵』巻末の「上表文」要約（『定本全集』第三巻、一三頁）
①弘仁九年（八一八）の春、日本国中に疫病《えきびょう》（＝伝染病・はやりやまい）が大流行した。

②そのことに、特にお心を痛められた嵯峨《さが》天皇は、みずから紺紙《こんし》に金泥《きんでい》をもって『般若心経』一巻を書写なされた。

③それとともに、私空海に講読のときの要領にて、『般若心経』の真髄をまとめるよう命ぜられた。このとき書き留めたのが、この『般若心経秘鍵』である、と。

今上天皇のおことば（一）

そうして、令和三年の二月、今上陛下がこの一節に触れられたからである。すなわち、「六十一歳の誕生日記者会見」の席で、つぎのようなお言葉を発せられた。

【資料2】「天皇陛下六十一歳　誕生日記者会見」（『毎日新聞』令和三年二月二十三日（火）二十二面）

天皇陛下　①日本の歴史の中では、天変地異や疫病《えきびょう》の蔓延《まんえん》など困難な時期が幾度もありました。これまでの歴代天皇の御事跡をたどれば、天変地異等が続く不安定な世を鎮めたいとの思いを込めて㋐奈良の大仏を作られた聖武天皇、㋑疫病の収束を願って般若心経を書写された平安時代の嵯峨天皇に始まり、㋒戦国時代の後奈良天皇、正親町《おおぎまち》天皇など歴代の天皇はその時代時代にあって、国民に寄り添うべく、思いを受け継ぎ、自らができることを成すよう努めてこられました。

②その精神は現代にも通じるものがあると思います。皇室の在り方や活動の基本は、国民の幸せを常に願って、国民と苦楽を共にすることだと思います。そして、時代の移り変わりや社会の変化に応じて、状況に対応した務めを考え、行動していくことが大切であり、その時代の皇室の役割であると考えております。（以下略、○数字・○記号・傍線筆者）

このお言葉は、つぎのような質問に対して、お応えになられたものであった。

【資料3】「天皇陛下六十一歳　誕生日記者会見」（『毎日新聞』令和三年二月二十三日（火）二十一面）

天皇陛下が六十一歳の誕生日に先立って十九日に臨まれた記者会見での質問と発言は次の通り。

新型コロナウイルスの感染拡大により、皇室の活動も制限され、天皇陛下が多くの国民と交流される機会が減りました。国民との直接のふれあいが難しい中、陛下は皇后さまとご進講を重ね、オンラインでのご訪問を始めたほか、元日には国民に向けたビデオメッセージも公表されました。感染症の影響が長期化する中で、コロナ禍の天皇や皇室の在り方、今後のご活動の方針について、どのようにお考えでしょうか。新しい取り組みについてのご感想とともにお聞かせください。

さきに紹介した　今上陛下のおことばにあった、疫病の大流行を鎮めるため、嵯峨天皇が『般若心経』を書写されたこと、このことに空海が関わっていたことは、一般のひとたちにはあまり知られていないことであろう。しかるに、先に紹介した「上表文」が記すように、大いに関係があったと、古来、真言宗では言い伝えてきた。

陛下のおことばに出てきた嵯峨天皇・後奈良天皇・正親町《おおぎまち》天皇が金泥をもって書写された『般若心経』は、今日、嵯峨大覚寺に「勅封心経」として秘蔵されている。実は、「勅封心経」は六本あり、残りの三本は後光厳天皇・後花園天皇・光格天皇が書写された『般若心経』である。

今上天皇のおことば（二）

今上陛下は、令和四年二月二十一日行われた「六十二歳の誕生日記者会見」では、歴代天皇の宸筆『般若心経』について、前年に倍するお言葉をもって語られた。そのお言葉は、つぎの通りである。

【資料4】「天皇陛下六十二歳　誕生日記者会見（主な内容）」（『毎日新聞』令和四年二月二十三日（木））

天皇陛下　皇室の歴史をひもとくと、皇位が連綿と継承される中では、古代の壬申の乱や中世の南北朝の内乱など皇位継承の行方が課題となったさまざまな出来事がありました。そのような中で思い出されるのは、上皇陛下が以前に述べておられた、天皇は、伝統的に、国民と苦楽を共にするという精神的な立場に立っておられた、というお言葉です。このお言葉に込められた思いは、ひとり上皇陛下のみのものではなく、歴代の天皇のお考えにも通じるものと思います。①平成28年に愛知県の西尾市を訪問した折に岩瀬文庫で拝見した戦国時代の後奈良天皇の宸翰般若心経は、洪水など天候不順による飢饉や疫病の流行で苦しむ人々の姿に心を痛められた天皇自らが写経され、諸国の神社や寺に奉納されたものの一つでした。②その後、京都の醍醐寺では、後奈良天皇の般若心経を拝見し、奥書に、「私は民の父母として、徳を行き渡らせることができず心を痛めている」旨の天皇の思いが記されていました。③さらに大覚寺でも、嵯峨天皇のものと伝えられる般若心経や、後光厳天皇、後花園天皇、後奈良天皇、正親町天皇、光格天皇が自ら写経された般若心経を拝見しました。このように歴代の天皇は、人々と社会を案じつつ、国の平和と国民の安寧のために祈るお気持ちを常にお持ちであったことを改めて実感しました。また、武ではなく文である学問を大切にされてきたことも、天皇の歴史を考えるときに大切なことだと思います。例えば、鎌倉時代の花園天皇が皇太子量仁《かずひと》親王に宛てて書き残された、いわゆる「誡太子書《かいたいししょ》」においては、まず徳を積むことの大切さを説かれ、そのためには道義や礼儀も含めた意味での学問をしなければならないと説いておられます。このような歴代の天皇の思いに、深く心を動かされました。私は、過去に天皇の書き残された宸翰などから得られる教えを、天皇としての責務を果たしていく上での道しるべの一つとして大切にしたいと考えています。そして、その思いと共に皇位を受け継いでこられた、歴代の天皇のなさりように心をとどめ、研鑽を積みつつ、国民を思い、国民に寄り添いながら、象徴としての務めを果たすべく、なお一層努めてまいりたいと思っています。（〇番号・傍線筆者）

このお言葉は、つぎの「第四番目の質問」に対して、お応えになられたものであった。

【資料5】「天皇陛下六十二歳　誕生日記者会見（主な内容）」（『毎日新聞』令和四年二月二十三日（木））

天皇陛下が六十二歳の誕生日に先立って二十一日に臨まれた記者会見での質問と発言は次の通り。（中略）

政府の有識者会議が報告書をまとめ、皇族数の確保策として女性皇族が結婚後も皇室に残る案と、旧皇族の男系男子を養子に迎える案の二つを示しました。一方、皇室の歴史を振り返ると、過去には皇位を巡る危機的な時期が幾度もあり、そのたびに乗り越えてきた経緯があります。歴代天皇について深く学んでこられた陛下は、今日まで皇位が連綿と継承されてきた長い歴史をどのように受け止められていますか。

令和四年二月の記者会見の席では、前年にも増して、歴代天皇の宸筆『般若心経』について、その所在をふくめて、より踏み込んだ詳しいお言葉をのこされた。すなわち、①では愛知県西尾市岩瀬文庫にて後奈良天皇の宸筆『般若心経』を、②では京都醍醐寺にて同じく後奈良天皇の宸筆を、③では大覚寺にて「勅封心経」六本すべてを拝見したと語られた。

それはさておき、「上表文」は空海が書いたとみて間違いないか、というと、今日、学術的には「上表文」は空海作ではない、と見なされている。

それにもかかわらず、鎌倉時代以降、疫病《えきびょう》や飢饉《ききん》などが大流行すると、大覚寺に秘蔵されていた嵯峨天皇宸筆の『般若心経』、いわゆる「勅封心経」が御所に運ばれ、疫病退散に霊験あらたかな『般若心経』として、天皇をはじめ、多くの人たちが礼拝・頂戴したとの記録が、少なからず伝存する。

嵯峨天皇宸筆の『般若心経』を秘蔵する大覚寺は、「心経の寺」と称してきた。その「心経の寺・大覚寺」においてはもちろんのこと、わが真言宗にとっても、大覚寺心経堂に秘蔵されてきた「勅封心経」が、社会的にはたしてきた役割、すなわち疫病や飢饉など社会的に困難な事象が出来《しゅったい》したとき、どのように見なされ、いかに取り扱われてきたか、を再確認しておくことは、決して無意味ではないと考える。

そこで本書では、「天皇と般若心経」と題して、五つのことを一緒に考えたい。五つとは、つぎの通りである。

第一、嵯峨天皇の宸筆《しんぴつ》『般若心経』と「上表文」

第二、わが国では、いかなる経典として『般若心経』を受容してきたか

第三、疫病《えきびょう》の流行と嵯峨天皇宸筆の『般若心経』

第四、空海の『般若心経』観

第五、『般若心経秘鍵』上表文が参照した事跡

第一章　嵯峨天皇の宸筆『般若心経』と「上表文」

はじめに

今上陛下が触れられた嵯峨《さが》天皇宸筆《しんぴつ》の『般若心経』のことを記す『般若心経秘鍵《ひけん》』上表文は、先に「空海作にあらず」と記した。

ではなぜ、「空海作にあらず」といえるのか。最初に、このことを見ておこう。

まず、『秘鍵』上表文とはいかなる内容を有するのか、を確認しておく。

【史料1】『秘鍵』上表文（『定本全集』第三巻、一二三頁）＊六段落にわかって、内容を整理しておく。

①時《とき》に弘仁《こうにん》九年の春《はる》天下大疫《たいえき》す。
②爰《ここ》に帝皇《ていおう》、自《みずか》ら黄金を筆端《ひったん》に染《そ》め、紺紙《こんし》を爪掌《そしょう》に握《にぎ》って、般若心経一巻を書写し奉《たてまつ》りたもう。
③予《よ》、講読の撰《せん》に範《のっと》りて、経旨《きょうし》の宗《むね》を綴《つづ》る。
④未《いま》だ結願《けちがん》の詞《ことば》を吐《は》かざるに、蘇生《そせい》の族《やから》途《みち》に亍《たたず》む。夜《よる》変じて日光赫々《かくかく》たり。是《こ》れ愚身《ぐしん》が戒徳《かいとく》に非《あら》ず、金輪御信力《きんりんぎょしんりき》の所為《しょい》なり。
⑤但《ただ》し神舎《じんじゃ》に詣《けい》せん輩《ともがら》、此《こ》の秘鍵《ひけん》を誦《じゅ》じ奉《たてまつ》るべし。
⑥昔《むかし》、予鷲峯説法《よじゅぶせっぽう》の筵《むしろ》に陪《はんべっ》て、親《まのあた》りに是《こ》の深文《じんもん》を聞く。豈《あ》に其《そ》の義《ぎ》に達《たっ》せざらん、而已《まくのみ》。

【内容要約】
①弘仁九年の春、日本国中に疫病《えきびょう》が大流行した。
②そのことにお心を痛められた嵯峨《さが》天皇は、みずから紺紙《こんし》に金泥《きんでい》をもって『般若心経』一巻を書写なされた。
③それと共に、私空海に講読のときの要領にて、『般若心経』の真髄をまとめるよう命ぜられた。
④私が最後の詞《ことば》をつづるより前に、生きかえった人たちが路にあふれ、夜であるにもかか

わらず、まるで真昼のようであった。これらは、すべて天皇のご信心の力によるものであった。

⑤神社に参詣するものは、この『秘鍵《ひけん》』を読誦してほしい。なぜなら、

⑥この『秘鍵』は、むかし私空海が、インド霊鷲山《りょうじゅせん》において、釈迦の説法をお聞きしたときの真意《しんい》をつづったものだからである。

この上表文には、弘仁九年の春、日本国中に疫病が大流行したとき、お心を痛められた嵯峨天皇が、紺色の紙に金泥《きんでい》をもって『般若心経』一巻を書写なされるとともに、私空海に『般若心経』の真髄をまとめるよう命ぜられた、と記されていた。

一、「上表文」を偽作とみなす六つの根拠

かつて私は、

『秘鍵』「上表文」は空海作ではない。十二世紀の後半に偽作《ぎさく》され、その後、『秘鍵』本文に付加されたものである。

と見なしたことがあった（拙稿「『般若心経秘鍵』撰述年代考」『高野山史研究』第二号）。その根

拠は、以下の五つであった。

第一の根拠は、上表文に関する記述が見られる最古の史料は、元暦《げんりゃく》元年（一一八四）に書写された『弘法大師伝裏書《うらがき》』であることである。その「裏書」をあげてみよう。

【史料2】『弘法大師伝裏書』（大須文庫本）（『弘法大師伝記集覧』三九五頁）＊〈 〉は二行割注。

弘仁九年〈法を伝えて云はく。般若心経秘鍵表の事、件の表本、叡山前唐院に有り、と云々。五《（ママ）》 正本を尋ねて入れ副うべきなり。〉 （傍線筆者）

ここにいう「般若心経秘鍵表の事」が『秘鍵』「上表文」をさすことは、以下につづく「叡山前唐院に有り」からも間違いない。なぜなら、①上表文は観賢僧正《かんげんそうじょう》が護法神をつかわして、比叡山文殊楼《もんじゅろう》にあったのを盗み取らせた、②村上天皇の応和元年（九六一）、寛朝らに大師の十号を奏上させたとき、同座していた天台座主延昌が「大師真蹟の上表文は、伝えて我が山に在り。これ山門の重宝なり」と告げたので、これを求めて叡覧ののち、高野山に送り流布させた、といった伝承があり、上表文が叡山とかかわりあるものとして語られてきたからである。

第二の根拠は、上表文の内容が文献上にはじめて見られるのは、『吾妻鏡《あずまかがみ》』嘉禄《かろく》元年（一二二五）五月一日の条であることである。その本文をあげてみよう。

【史料3】『吾妻鏡』（吉川家本）嘉禄元年五月一日の条（『大日本史料』第五編之二、六四一〜六四二頁）

①弁僧正定豪《じょうごう》、大蔵卿法印良信《りょうしん》、駿河前司《するがのぜんじ》義村《よしむら》、隠岐入道行西《ぎょうさい》、并びに陰陽権助《おんみょうのごんのすけ》国道《くにみち》等召《めし》に依りて参会《さんかい》す。

②二品（＝北条政子）、行西を以て仰せ出だされて云わく。当時、世上に病死の者数千に及ぶ。其の災《わざわい》を攘《はら》わんが為《ため》に、心経・尊勝陀羅尼各《おのおの》万巻を書写供養せらるべし。且《かつ》は何様《いかよう》に為《な》すべきや。計《はか》り申すべし、と云云。

③僧正、申して云わく。千口の僧を崛《くっ》して、一千部の仁王経を講讃せらるべきか、と云云。

④又《また》僧正法印（定豪）、申して云わく。嵯峨天皇の御宇《ぎょう》、疫疾《えきしつ》起こり、五畿七道に夭亡《ようぼう》の族《ともがらはなはなは》甚だ多し。仍《よ》って筆を染めて心経を書写したもう。弘法大師を以て供養を遂げらる、と云云。

（以下略、○番号・傍線筆者）

ここには、この当時、数千人の病死者が出たため、ときの最高権力者であった北条政子《ほうじょうまさこ》からその攘災《じょうさい》の方法を諮問《しもん》された僧正法印定豪が、「嵯峨天皇が疫疾《えきしつ》の流行に際して『般若心経』を書写され、弘法大師に供養させた」ことを披露した、と記されている。このとき鶴岡八幡宮社務職であった法印定豪（一一五二〜一二三八）は、治承四年（一一八〇）二月忍辱山にて相承院兼豪から伝法灌頂を受け、法眼《ほうげん》・法橋《ほっきょう》・法印《ほういん》をへて承久元年（一二一九）五月権少僧《ごんのしょうそう》都《ず》となり、同二年社務職となって鎌倉に下向していた。のち京都に帰り、嘉禎二年（一二三六）十二月に東寺長者となった僧であった。

この記録では、「嵯峨天皇の御宇《ぎょう》」とあるだけで、具体的な年次は記されていないけれども、その内容から考えて、上表文にもとづいて語られていることは間違いない。この『吾妻鏡』につづく文献として、

（一）宝治元（一二四七）に道範《どうはん》が著した『般若心経秘鍵開宝鈔《かいほうしょう》』には、「上表の如くならば」とか、「彼の上表は弘仁九年春の講演なり」と記され、

（二）建長六年（一二五四）に橘　成季《たちばなのなりすえ》が撰集した『古今著聞集《ここんちょもんじゅう》』には、上表文が全文収録されている。

などがある。

『吾妻鏡』前半の編集は、十三世紀半ば以降とみなされているが、右にあげた二つの史料からは、遅くとも十三世紀中ころには、上表文の内容が広く知られていたことがわかる。

偽作とみなす第三の根拠は、今日残る信頼性の高い史料からは、弘仁九年春の「大疫《たいえき》」が確認できないことである。弘仁年間のことを記した正史『日本後紀《にほんこうき》』には、残念ながら、弘仁九

年の条は散逸している。また、この正史を略出した『日本紀略《きりゃく》』『類聚国史』には、弘仁九年春に大疫があった記録は見あたらないのである。

第四の根拠は、弘仁九年に嵯峨天皇が書写されたと伝えられる宸筆《しんぴつ》の『般若心経』が大覚寺に伝存するが、その装幀《そうてい》が上表文の表記と異なることである。すなわち、

・上表文には、「紺紙に金泥をもって書写された」とある。

・大覚寺蔵の嵯峨天皇宸筆《しんぴつ》の『般若心経』は、紺綾織《こんのあやおり》の絹地に金泥をもって書写されているとあり、その表紙見返しには、檀林皇后（＝橘嘉智子）の筆になる薬師三尊像が画かれている、とある。

と、相違するのである。

第五の根拠は、平安時代に撰述された『般若心経秘鍵』の二つの注釈書には、「上表文」に関する記述が全く見られないことである。二つの注釈書とは、

①承徳元年（一〇九七）成立の済暹《さいせん》撰『般若心経秘鍵開門訣《かいもんけつ》』

②覚鑁《かくばん》（一〇九五〜一一四三）撰述の『般若心経秘鍵略註《りゃくちゅう》』

である。これは何を意味するのかといえば、「上表文」は、この二つの注釈書が書かれた時点では、まだ『秘鍵』本文に付加されていなかった。言い換えると、「上表文」が偽作されたのは、これら注釈書が撰述された後のことであったことを物語っているのである。

その後、偽作されたことを裏付ける史料が、新たに見つかった。
それは、「上表文」だけを書写した平安時代の写本が二つ確認できたことである。二つの写本とも高山寺経蔵に伝来したもので、一つは保延四年（一一三八）十二月に、あと一つは安元三年（一一七七）八月高野山において書写されたものであった。その奥書をあげてみよう。

【史料4】高山寺蔵「上表文」だけの写本（『高山寺経蔵典籍文書目録』第四、九六七頁）

①第二〇三箱第9番「般若心経秘鍵上表文」一帖
保延四年十二月廿六日奉書畢
（別筆）「願主僧浄玄之本
伝持僧行印之本」
以他本相替斯本了
僧尊院本

②第二〇三箱第10番「般若心経秘鍵上表文」一帖
安元三年〈丁酉〉八月二日於
高野山奉書写了

隠老舎　　　　　　　　□□也」
（別筆）「言舎老証印之

この二つの写本が出現したことにより、「上表文」が偽作された年代は、少なくとも保延四年（一一三八）まで遡《さかのぼ》ることになる。

以上、「上表文」とその内容がいつから史料上にみられるかを中心として、「上表文」は後世に偽作されたことをみてきた。当初考えていた偽作された年代、すなわち十二世紀後半の偽作説は、約五十年遡《さかのぼ》らせて、十二世紀前半と見なすべきであるけれども、偽作説そのものは、いまだ訂正する必要はないと考える。

二、「上表文」の形式・文辞上の七非

つぎに、「上表文」の形式・文辞上から七非をあげて、後世に偽作されたとみなす説を紹介しておきたい。それは、宝暦二年（一七五二）に刊行された三等《さんとう》撰『般若心経秘鍵蛇鱗記《だりんき》』で

ある。偽作とみなす要点だけをあげてみたい。

【史料5】『般若心経秘鍵蛇鱗記』（『続真言宗全書』第二十、三三二頁）＊原文は省略す。

①先徳は、ひとり残らず、上表文は高祖大師の御作なりという。しかるに、恐らくそうではないであろう。思うに、好事家《こうずか》が高祖大師の名をいつわって、人々の信仰をえようと想ってやったことであろう。

②何をもって、このことを知るかといえば、㋐文章・ことばは大ざっぱでとりとめがなく、㋑意味・内容はいやしくて下品である。まったく有能な人が書いたものではない。試みに、そのことを論じてみたい。

③しりぞけるに七つの非あり。考えるところは、

一には、文章が上表文の体裁をなしていないにもかかわらず、上表という。

二には、「経旨《きょうし》の宗《むね》を綴《つづ》る」とはいかなる意味か。しかるに、『心経』の真髄をまとめる作業が終わっていないのに、「未《いま》だ結願の詞《ことば》を吐《は》かざるに」という。きわめて下品でいやしいのである。

三には、「蘇生《そせい》の族《やから》」から「赫赫《かくかく》」に至るまでの語句の意味・文章がつながらない。

四には、「私の智恵の力ではない」というべきところを、どうして「戒を保っている功徳

ではない」というのか。

五には、「疫死蘇生《えきしそせい》＝疫病によって亡くなったものが生きかえった」、このことはもし、天皇が『心経』を書写した功徳によるのであれば、すなわち神社に参拝する者は、ただ『般若心経』を誦じれば事足りるのに、なぜ煩わしく『秘鍵』を読むことを勧めるのか。なぜ信仰上で仏を欺《あざむ》き、天皇への非礼を行わせるのか。

六には、『秘鍵』を撰述した目的が、この上表文にいうところと、本文中に「余、童《わらわ》を教うるの次《つい》でに」等というところが、自ら語ったのであれば齟齬《そご》している。

七には、上表文のさいごの「而已《まくのみ》」の使用法について。「豈不レ達二其義一而已（豈《あ》に其《そ》の義《ぎ》に達《たっ》せざらん、而已《まくのみ》）」とあって、上に「豈《あに》」があるときは、必ず「哉《や》」「乎《や》」「耶《や》」等をもって終えるべきである。むしろ、「而已」は無いほうがよい。

この上表文は、凡人の手になるものである。

（○番号・○記号・項目分け筆者）

なお、この三等の「七非」に対して、松長有慶先生は「なかなか手厳しい」といい、特に「五と六の疑念は当を得た疑問といえるであろう」といわれる（松長著『空海般若心経を読み解く』七六頁）。

おわりに

『秘鍵』巻末の「上表文」には、つぎのような一節があった。

①弘仁九年（八一八）の春、日本国中に疫病《えきびょう》（=伝染病・はやりやまい）が大流行した。

②そのことに、特にお心を痛められた嵯峨《さが》天皇は、みずから紺紙《こんし》に金泥《きんでい》をもって『般若心経』一巻を書写なされた。

③それとともに、私空海に講読のときの要領にて、『般若心経』の真髄をまとめるよう命ぜられた。このとき書き留めたのが、この『般若心経秘鍵』である、と。

今上陛下は、この「疫病の大流行に際して、嵯峨天皇はお心を痛められ、みずから『般若心経』一巻を書写なされた」と記すところに注目され、六十一歳と六十二歳、二年つづけて誕生日の記者会見の席で、言及なされたのであった。

しかるに、「上表文」は空海作ではなく、平安時代末期・十二世紀前半ころに偽作されたものであった。その根拠は、先にあげた六つの事柄と三等『蛇鱗記《だりんき》』の「七非」であった。

「上表文」が偽作されたものであることから、

①嵯峨天皇が弘仁九年春に、疫病の感染を鎮めるため、みずから『般若心経』を書写された

こと、②このとき、空海が天皇の命をうけて『般若心経』の真髄をまとめられたこと、の二つは、直ちに信じることはできない、と考えられてきた。

では、「上表文」の記述はまったくの架空《かくう》の代物《しろもの》か、といえば、そうではないことが判明した。それはどういうことか。「上表文」が偽作されたとき、間違いなく、参考にしたと考えられる史料が見つかったからである。その史料とは、弘仁九年四月の記録と同年四月災いを攘《はら》うため空海に修法が命ぜられていたことである。これらについての詳細は、最後の第五章で紹介したい。

その前に二つのことをみておきたいと考える。それは、つぎの二つである。
一、わが国における『般若心経』の受容と展開について。
二、嵯峨天皇の宸筆《しんぴつ》『般若心経』と疫病について。

第二章　わが国における『般若心経』の受容と展開

はじめに

空海撰『般若心経秘鍵』の特色は、一にも二にも『般若心経』は密教経典である、と大胆に言いきっているところである。これは、紛れもなく、空海の『般若心経』観といってよいものである。

では、空海が活躍した奈良から平安時代初期のわが国において、『般若心経』はいかなる経典として受け入れられていたのであろうか。このことを、「『般若心経』の受容と展開」と題して、一瞥《いちべつ》しておきたい。

この「受容と展開」を考えるにあたっては、二つの方面から考えてみたい。一つは「優婆塞《うばそく》（優婆夷《うばい》）貢進解《こうしんのげ》」にみられる『般若心経』であり、いま一つは「六国史」にみられる『般若心経』である。

一、「優婆塞貢進解」にみられる『般若心経』

第一は、「優婆塞（優婆夷）貢進解」にみられる『般若心経』である。

ここにいう「優婆塞（優婆夷）貢進解」とは、読経《どきょう》・誦経《じゅきょう》できる経典・陀羅尼《だらに》などを列挙し、出家・得度を希望する男女を師僧が朝廷に推薦したときの文書。

である。

さっそく、「優婆塞貢進解」の本文をあげてみよう。

【史料1】今日残る最古の貢進解（『寧楽遺文』中巻、五〇八頁）

秦公豊足〈年廿九／美濃国當嗜郡垂穂郷三宅里戸頭秦公麿之戸口〉

読経　法華経一部　最勝王経一部

方広経一部　弥勒経一部

涅槃経一部

雑経十五巻
誦経　薬師経一巻　観世音品　多心経
誦呪　大波若呪　羂索呪　仏頂呪
　　　大宝積呪　方広呪　十一面呪
　　　金勝呪　虚空蔵呪　支波書呪
　　　七仏薬師呪　水呪　結界文
　　　唱礼具　浄行八年
　天平四年三月廿五日　僧智首

（傍線筆者）

これは、今日、正倉院にのこるもっとも古い「優婆塞貢進解」であり、天平四年（七三二）三月二十五日、僧智首が仏道修行を八年おこなってきた（＝浄行八年）二十九歳の秦公豊足を、朝廷に推薦したときのものである。内容をみてみよう。

最初に「秦公豊足〈年廿九／美濃国……之戸口〉」とあって、出家・得度を希望する優婆塞の俗名と年齢・本貫が記されている。ついで、「読経《どきょう》」「誦経《じゅきょう》」「誦呪《じゅじゅ》」とあって、仏道修行の内容が具体的に記される。すなわち、「読経」とは経本をみながら読むことができる経典、「誦経」とは経本をみないで唱えることができる経典、「誦呪」とは同じく経本をみないで唱えられる呪・陀羅尼である。最後に「浄行八年」と師主のもとで僧となるために修行した年数をあげ、「天平四年三月廿五日　僧智首」とこの推薦の文書である解を提出した日付と師主の僧名が記されている。

この貢進解で注目すべきは、誦経の項に「多心経」、すなわち『摩訶般若波羅蜜多心経《まかはんにゃはらみたしんぎょう》』の名が見られ、秦公豊足は日ごろから『般若心経』を闇誦《あんじゅ》していたことである。

では、「優婆塞貢進解」から何がわかるのか。

読経・誦経・誦呪または陀羅尼の項目に記された経典・呪・陀羅尼は、出家するまえの修行の段階で、いかなる経典・呪・陀羅尼を読み、闇誦していたかを記したものである。それらの経典・陀羅尼の分析を通して、この時代の仏教の性格が読みとられてきた。つまり、多種多様な呪・陀羅尼が日常的に読誦されていたことが、この時代の特色の一つとして指摘されている。

それとともに、出家するまえの優婆塞・優婆夷が、少なからず「多心経」すなわち『摩訶般若波羅蜜多心経』を読誦していたことが知られるのである。すなわち、正倉院文書には読経・誦経・誦呪が明記された「貢進解」が三十九通あり、このなか、十九通に「多心経」（十六通）「般若陀羅尼」（三通）を読誦していたことが記されていた。

これより、出家しようとする優婆塞・優婆夷にとって、『般若心経』はきわめて身近な経典であった。言い換えると、『般若心経』は日常的に多くの人たちに読誦されていた経典であったといえる。「貢進解」に見られる「多心経」は、『摩訶般若波羅蜜多心経』、つまり『般若心経』をさし、「般若陀羅尼」は「掲諦《ぎゃてい》　掲諦《ぎゃてい》　波羅掲諦《はらぎゃてい》　波羅僧掲諦《はらそうぎゃてい》　菩提薩婆訶《ぼじそわか》」の明呪をさすとみなしておきたい。

［付記1］
「解《げ》」とは、律令制の公文書《くもんじょ》の一つ。役所のあいだで、下の役所（被官の役人）から上の役所（所管の役人）へ上申するときに用いられた。また、個人から役所に請願する場合にも「解」の様式が用いられた。「優婆塞貢進解」は後者にあたる。「売券《ばいけん》」に国判や郡判を請求するときも「解」の様式を用いた。

［付記2］
「優婆塞貢進解」にみられる『般若心経』の詳細は、『般若心経秘鍵への招待』（一一一〜一一六頁、法蔵館刊）をご参照下さい。

二、「六国史」にみられる『般若心経』

第二は、「六国史」にみられる『般若心経』である。

私が確認することができた十八条を一覧表にしたのが、「表一、「六国史」にみられる『般若心経』」である。これは、『般若心経』に限定したものである。般若経典類は、この『心経』以外に、『大般若経』の転読と『金剛般若経』の転読・講讃が散見され、数としては『般若心経』よりもこちらの方が多くみられる。

表一、「六国史」にみられる『般若心経』 ＊『日本書紀』と『日本文徳天皇実録』には見られなかった。

通番号	六国史名・巻次	年・月・日	摘要
1	『続日本紀』　巻二一	天平宝字二年（七五八）八月十八日	明年三合に当るにより般若心経を読む
2	『同　書』　巻三三	宝亀五年（七七四）四月十一日	疾疫のため京畿七道に般若心経を転読す
3	『日本後紀』　巻二四	弘仁五年（八一四）十月二十二日	常楼卒伝、毎日心経百巻を読む
4	『続日本後紀』　巻　七	承和五年（八三八）十一月七日	疾疫のため京畿七道に般

			若心経を転読す
5	『同　書』巻　八	承和六年（八三九）二月十五日	彗星のため、東西両寺に般若心経を講読す
6	『日本三代実録』巻　七	貞観五年（八六三）五月二十日	神泉苑御霊会。一霊ごとに心経を誦ず。
7	『同　書』巻一〇	貞観七年（八六五）四月五日	内裏并びに諸司諸所に般若心経を読む
8	『同　書』巻一〇	貞観七年（八六五）五月十三日	神泉苑及び京中に般若心経を読み、疫神祭を修す
9	『同　書』巻一二	貞観八年（八六六）正月五日	文徳天皇の奉為に天安寺に転読す
10	『同　書』巻一二	貞観八年（八六六）二月七日	信濃国三和・神部両神に奉幣・転読し神怒を謝す
11	『同　書』巻一二	貞観八年（八六六）二月十四日	阿蘇大神に奉幣・転読し神怒を謝す
12	『同　書』巻一二	貞観八年（八六六）二月十六日	住吉神社に転読す

13	『同　書』　巻一二	貞観八年（八六六）閏三月朔日	京の貧者を賑給し、近京の諸寺に転読す
14	『同　書』　巻一二	貞観八年（八六六）四月五日	近京の諸寺に転読す
15	『同　書』　巻一三	貞観八年（八六六）十月二十七日	近京四十三寺に転読す
16	『同　書』　巻一四	貞観九年（八六七）五月十日	紫宸殿《ししんでん》にて転読す
17	『同　書』　巻二一	貞観十四年（八七二）五月三十日	大蛇、般若心経を呑む
18	『同　書』　巻二七	貞観十七年（八七五）十一月十五日	明年三合に当るにより般若心経を読む

さて、表一からは何がわかるか。われわれが一番知りたいこと、すなわち、わが国の古代において、『般若心経』はいかなる目的のために書写され、転読・講讃されたのか、が見えてくる。言い換えると、古代日本人の『般若心経』観というか、『般若心経』をどのような経典として見ていたのか、を知りうるのである。一つ一つの事例をみていくことにしたい。

1、天平宝字二年（七五八）八月十八日の条

第一は、『続日本紀《しょくにほんぎ》』巻二十一、天平宝字二年（七五八）八月十八日の条である。

来年は水害・日照り・流行病といった災いが起きるという「三合《さんごう》」の歳にあたるので、それらの災厄《さいやく》を未然に防がんとして、行住坐臥のあいだ、閑《ひま》があれば常に『摩訶般若波羅蜜多心経』を念誦すべきことが、天下諸国の老若男女に命ぜられたのであった。

私に五段落にわかって、本文をあげてみよう。

【史料2】『続日本紀』巻二十一（『国史大系』第二巻、二五四頁）

丁巳（十八日）、勅したまわく、

①「大史《だいし》奏して云わく、「九宮経《くくうきょう》を案《かんが》うるに、来年《きたるとし》己亥《つちのとい》は三合《さんごう》に会すべし。その経に云わく、『三合《さんごう》の歳《とし》は水旱疾疫《すいかんしつえき》の災《わざわい》有り』という」という。

②如聞《きくな》らく、「(あ)摩訶般若波羅蜜多は是れ諸仏の母なり。四句の偈等を受持し読誦せば、福徳聚《あつま》ること得て思い量《はか》るべからず」ときく。

③是《ここ》を以《もち》て天子念ずれば、兵革災害《へいかくさいがい》は国の裏《うち》に入《い》らず。庶人《しょにん》念ずれば、疾疫癘鬼《しつえきれいき》は家の中《うち》に入《い》らず。(い)悪を断ち祥《しょう》を獲《う》ること、此《これ》に過ぎたるは莫《な》し。

④天下《あめのした》の諸国《くにぐに》に告げて、男女《だんじょ》老少を論《あげつら》うこと莫《な》く、起坐行歩《きざこうほ》に口に閑《なら》いて、(う)皆尽《ことごと》く摩訶般若波羅蜜を念誦せしむべし。其れ文武百官の人等《ひとども》は、朝《ちょう》に向い司《つかさ》に赴《おもむ》く道路《みち》の上《ほとり》に、日毎《ひごと》に常に念《ねん》じて、往来を空《むな》しくすること勿《なか》れ。

⑤庶《ねが》わくは、風雨時《とき》に随いて咸《ことごと》く水旱《すいかん》の厄《わざわい》無く、寒温《かんおん》気を調《ととの》えて悉く疾疫《しつえき》の災《わざわい》を免《まぬか》れしめんことを。普く遐邇《かじ》に告げて朕《わ》が意《こころ》を知らしめよ」とのたまう。

（○番号・○記号・傍線筆者）

【要約】

天皇のおことばを伝えます。

①陰陽寮からつぎのように上奏してきた。「『黄帝九宮経《こうていくくうきょう》』によると、来年は三神、すなわち大歳《たいさい》・客気《かくき》・太陰《たいいん》が相合う三合《さんごう》の年にあたる。『同経』には『三合の年には水害・日照り・流行病などの災いが起きる』とある」と。

②聞くところによると、「㋐摩訶般若波羅蜜多はこれ諸仏の母である。四句の偈すなわち掲《ギャ》諦掲諦《ティギャティ》等の偈頌を受持し読誦すれば、仏果にいたる功徳が得られることは、考えが及ばないほど甚大である」と。

③そのようであるから、天皇が摩訶般若波羅蜜多を念誦すれば、兵乱や災害が国内では起こらず、民衆が念誦すれば、流行病や疫病神《えきびょうしん》が家のなかに入ってこない。㋑悪・わざわいを断ち、幸い・幸福を獲得するうえで、これに勝るものはない。

④そこで、日本全国につぎのように布告した。

男女・老若を問わず、行住坐臥いついかなるときも、口が閑《ひま》なときは、㋒ことごとく摩訶般若波羅蜜多を念誦しなさい。また、文武百官すべての役人たちは、朝廷・役所に出仕する途中の路上においても、毎日つねに念誦し、往復の時間を無駄にしてはいけない。⑤願うところは、季節・風雨が順調にめぐって水害・日照りなどの災害がまったくなく、気温も適度であって流行病などの災いをことごとく免《まぬか》れることである。このことを普く国中に告げしらせて、すべての国民の幸せを願うわたくしのこころを熟知させなさい。

ここでは、明年、暦のうえでの厄年《やくどし》である「三合」を迎えるにあたり、水害・日照り・流行病などの災厄を未然に防ぐため、天皇をはじめ、すべての日本国民に対して、四六時中不断に、『摩訶般若波羅蜜多心経』を念誦することが命ぜられたのであった。

ここで注目すべきことが二つある。

第一は、②の傍線部(あ)「摩訶般若波羅蜜多はこれ諸仏の母である。四句の偈すなわち掲諦掲《ギャテイギャ》諦《テイ》等の偈頌を受持し読誦すれば、仏果にいたる功徳が得られることは、考えが及ばないほど甚大である」と記すところである。なぜなら、『般若心経秘鍵』の冒頭にいう「覚母《かくも》の梵文《ぼんもん》は調《ちょう》御《ご》の師なり」をはじめ、『秘鍵』で空海が一番言いたかったこと——『般若心経』の肝心要《かんじんかなめ》は掲諦掲諦《ギャテイギャテイ》の呪明・真言である——と、相通じるからである。

ここに、「仏果にいたる功徳が得られることは、考えが及ばないほど甚大である」と訳した原文は、「福徳《ふくとく》聚《あつま》ること得て思い量《はか》るべからず」であって、ここにはまだ、『般若心経』の読誦と水害・日照り・流行病などの災厄からの避難との関連はみられない。

この災厄からの避難・断除が、注目すべきことの二つ目である。すなわち、本文③の㋑に、天皇をはじめ日本国民すべてが『摩訶般若波羅蜜多心経』を念誦することが、兵乱や災害、流行病や疫病神などの災厄を断ち、幸いを獲得するうえで、これに勝るものはない、という。『般若心経秘鍵』上表文にいう、嵯峨天皇が大疫を断除するために『般若心経』を書写されたことの典拠といってもよいのが、この本文の③であろう。ここで、『般若心経』と災厄からの避難・断除がむすびついたのであった。

本文⑤の「願うところは」にも、『心経』の功徳が記されている。すなわち、『般若心経』を書写・読誦することにより、天変地異から悉く免《まぬか》れることができる、とある。

2、宝亀五年（七七四）四月十一日の条

「六国史」にみられる『般若心経』の第二は、『続日本紀《しょくにほんぎ》』巻三十三、宝亀五年（七七四）四月十一日の条である。この宝亀五年は、空海が誕生した年にあたる。

この日、流行病の災厄《さいやく》を取り除くため、京畿七道に『般若心経』の転読が命ぜられた。『般若心経』を転読する理由は、「天下諸国に疾疫《しつえき》の者衆《ひとおお》し」であったが、勅《みことのり》の文章そのものは、

先にみた天平宝字二年（七五八）八月十八日の条ときわめてよく似ている。

同じく、私に五段落にわかって本文をあげてみよう。

【史料3】『続日本紀』巻三十三（『国史大系』第二巻、四一六頁）

己卯（十一日）、勅《みことのり》して曰《のたま》わく、

①「如聞《きくな》らく、「天下《あめのした》の諸国《くにぐに》に疾疫《しつえき》の者衆《ひとおお》し。医療《いりょう》を加《くわ》うと雖も猶平復《なおへいふく》せず」ときく。

②朕《われ》、宇宙《うちゅう》に君《きみ》として臨み、黎元《れいげん》を子《こ》として育《はぐく》む。興言《ここ》に此《これ》を念《おも》いて、寤寐労《ごびろう》を為せり。

③㋐其れ摩訶般若波羅蜜多は諸仏の母なり。天子これを念ずれば、兵革《へいかく》災害は国の中《うち》に入《い》らず。庶人《しょにん》これを念ずれば、疾疫癘鬼《しつえきれいき》は家の内《うち》に入《い》らず。この慈悲に憑《よ》りて、彼の短折《たんせつ》を救わんと思欲《おもほ》す。

④天下《あめのした》の諸国《くにぐに》に告げて、男女《だんじょ》老少を論《あげつら》わず、起坐行歩《きざこうほ》に㋑咸《ことごと》く摩訶般若波羅蜜を念誦せしむべし。其れ文武の百官、朝《ちょう》に向い曹《そう》に赴《おもむ》く道次《みち》の上《ほとり》に、公務《こうむ》の余《あまり》とには、常に必ず念誦《ねんじゅ》せよ。

⑤庶《ねが》わくは、陰陽序《おんみょうつぎて》に叶いて寒温《かんおん》気を調《ととの》え、㋒国に疾疫《しつえき》の災《わざわい》無く、人をして天年の寿《よわい》を遂《と》げしめんことを。普く遐邇《かじ》に告げて朕《わ》が意《こころ》を知らしめよ」とのたまう。

（〇番号・〇記号・傍線筆者）

先に見た天平宝字二年の勅《みことのり》とちがっているところだけを要約しておく。

まず、本文①であるが、ここには『般若心経』の読誦を命ずる理由が書かれている。すなわち、

聞くところによると『国内に流行病にかかった人がきわめて多い。治療を加えたけれども、なかなか平復しない』

といい、このとき読経を命じた理由は疾疫の流行によることであった。

ここにいう疾疫の流行であるが、『続日本紀』には、同年二月十七日疫気《えっき》を払うために諸国にて読経せしめたのをはじめ、二月十三日の京師・二月三十日の尾張・三月四日の讃岐・三月七日の大和・三月九日の三河・三月二十二日の能登など、飢饉ならびに窮民《きゅうみん》に米塩が支給された記録がみられる。この飢饉《ききん》は疾疫と無関係ではなかったとみなされており、二月十七日に引きつづいて、約二ヶ月後のこの日、『般若心経』の読誦が全国的に命ぜられたのであった。

ついで、本文②では「われは天地のあいだの帝王として君臨し、万民を子のように大切にしてきた。いま、多くのものが流行病に苦しんでいると聞き、寝ても醒めても苦労が絶えない」と、天皇は四六時中、このことに心を痛めていることが記されている。

つぎの本文③では、「其れ摩訶般若波羅蜜多は諸仏の母なり」と書きだし、先の勅《みことのり》と同じ

く『般若心経』の読誦によってもたらされる功徳を記し、さいごに「『般若心経』の慈悲によって、年若くして亡くなる人を救いたい」という。

つづく本文④と⑤は、先の勅とほぼ同じである。ただ⑤の願意のなかの傍線部㋒に、「国中に流行病の災厄がなくなり、人々が若死にすることなく天寿を全うできますように」との一句が加えられている。

留意すべきは、ここでも疫疾＝はやりやまいに苦しむ人々のために『般若心経』の読誦が命じられていることである。

3、弘仁五年（八一四）十月二十二日の条

第三は、『日本後紀』巻二十四、弘仁五年（八一四）十月二十二日条の「常楼《じょうろう》卒伝」である。常楼は、空海の母とおなじ安都宿禰《あとすくね》氏出身の善珠《ぜんじゅ》の弟子であった。常楼は、七十四歳で示寂するまでの四十年間、『般若心経』百巻・『無染着陀羅尼《むせんちゃくだらに》』百八遍を誦ずることを日課としていたと記されている。

この常楼の『般若心経』読誦は、師の善珠から学んだものと考えられる。なぜなら、善珠は「般若の験《げん》」によって皇太子＝のちの平城《へいぜい》天皇を救ったといわれるからである。善珠の事跡を考える上からも、この常楼卒伝は、きわめて示唆に富むものと考えられる。その詳細は、第四

章「空海の『般若心経』観」の項で述べることにしたい。

4、承和五年（八三八）十一月七日の条

第四は、『続日本後紀《しょくにほんこうき》』巻七、承和五年（八三八）十一月七日の条である。この条は、空海が入定してから三年目、災いの兆しが頻繁にみられるとのことで、すべての国民に『般若心経』の読誦を命じたものである。

本文を五段落に分けてあげることにしよう。

【史料4】『続日本後紀』巻七（『国史大系』第三巻、七九〜八〇頁）

辛酉（七日）。勅《みことのり》したまわく。

①「迺《すなわ》ち妖祥《ようしょう》を屢《しばしば》見る。氛祲《ふんしん》息《や》まず。民と歳とを思うに、寝と食とを忘る。

②其れ黎庶疾疫《れいしょしつえき》の憂《うれい》無くんば、農功《のうこう》に豊稔の喜び有らしむるに、(あ)般若妙詮の力、大乗不二の徳には如かず。普く京畿・七道に告げて、般若心経を書写・供養せしむ。

③仍《よ》って須《すべ》からく国・郡司、并《なら》びに百姓《ひゃくせい》をして、人別に一文の銭、若しくは一合の米を出《いだ》さしめ、郡別に一つの定額寺、若《も》しくは郡館に於いて之を収め置き、国司・講師惣《そう》じて検校を加え、出す所の物は、分けて二分と為し、一分は写経料に充《あ》て、一分は供養料に充つ

べし。
④其の米は、来年二月十五日各《おのおの》本処に於いて、精進練行にして演説に堪えたる者を屈請し、法筵を開設して、受持し供養すべし。会に当っては、前後并《あわ》せて三ヶ日の内、殺生を禁断すべし。公家捨つる所の物は、一つの会処毎《ごと》に、正税稲一百束を以て之に充てよ。
⑤庶《ねが》わくは、普く天の下旁《あまね》く勝業を薫じて、率土の民と共に仁寿《じんじゅ》に登らしめん」と。
（○番号・○記号・傍線筆者）

【要約】
天皇のおことばを伝えます。
①ここにいたって、災いの兆しが頻繁に見られるようになった。この災いの気配は一向に止まない。国民の幸せと農作物の稔りのことを考えると、寝ること・食事することを忘れるほどである。
②全国民にとって疫病の憂《うれ》いがなくなり、農作物が豊かに稔る喜びをとりもどすには、㋐般若経のもつ摩訶不思議な力、大乗の教えの最妙なる功徳に勝るものはない。そこで、あまねく京畿・七道、つまり日本国中に命じて、『般若心経』を書写し供養させることにした。
③そういうわけで、国司・郡司をはじめすべての民衆に対して、人別に銭一文、もしくは米一合を差し出させ、これらは郡別に一つの定額寺、もしくは郡館にて収め置き、国司・講

師がすべてにわたって点検し監督しなさい。これを持ち出すときは、二つに分けて、半分は写経料に充て、半分は供養料に充てなさい。

④（其の米は、）来年二月十五日、それぞれ（郡別の）本所において、法会の場を設け、精進練行して演説に堪能な僧を屈請して、『般若心経』を受持し供養しなさい。法会を開催するにあたっては、前後三日のあいだ、殺生を禁止しなさい。朝廷からの支給物は、一つの法会会場ごとに、正税稲一百束をもって充てなさい。

⑤願うところは、この勝れた行い＝『般若心経』の書写・供養の功徳をあまねく日本国中にめぐらせて、すべての民衆がそろって天寿を全うできることである。

この『般若心経』による供養会は、災いの兆しが頻繁にみられるとのことで、流行病の憂《うれ》いがなくなり、農作物が豊かに稔る喜びをとりもどすことを目的として、諸国すべてに命じたものであった。

ここで留意すべきことが二つある。

第一は、疾疫《しつえき》の憂いを除き農作物の豊作を祈るために『般若心経』を選んだ理由を、傍線部ⓐに「般若経のもつ摩訶不思議な力、大乗の教えの最妙なる功徳に勝るものはない」と記すことである。ここにいう「般若経のもつ摩訶不思議な力」とは、『般若心経』の真言・陀羅尼のもつ呪の力を指したものといえよう。

第二は③で、すべての民衆に対して、人別に銭一文、または米一合を供出させ、それを二分して、『般若心経』の写経料と供養料に充てていることである。「すべての民衆に供出させる」は、どこまで徹底できたかは判らないけれども、天皇の強い想いをうかがうことができる。

なお、「来年二月十五日に法会の場を設け、『般若心経』を受持し供養しなさい」と、④に記すけれども、『続日本後紀』のこの日の条には、供養の記録は残念ながら見られない。

5、承和六年（八三九）二月十五日の条

第五の事例は、『続日本後紀』巻八、承和六年（八三九）二月十五日の条である。本文をあげると、

【史料5】『続日本後紀』巻八（『国史大系』第三巻、八五頁）

東西両寺をして、般若心経を講読せしむ。彗星《すいせい》頻りに見るを以てなり。（傍線筆者）

とあって、彗星《すいせい》がしきりに出現するため、東西両寺において『般若心経』を講読させたという。彗星はむかし、災害の前兆と信じられた不吉な星＝妖星《ようせい》とみなされており、災害を未然に防ぐ

ために、『般若心経』を講読させたのであった。この条で注目すべきは、講読の場が「東西両寺」とあって、東寺と西寺が選ばれていることである。特に、東寺に留意したい。なぜなら、空海が造東寺別当となってから十五年、東寺の伽藍《がらん》建立が順調に進んでいたことを知りうるからである。

承和に改元された途端に、東寺において経典の講説・読誦がおこなわれた記録が頻繁にみられるようになる。すなわち、承和元年（八三四）六月十五日には、紫宸殿、常寧殿《じょうねいでん》及び建礼門《けんれいもん》、八省院《はっしょういん》諸堂、宮城諸司・諸局、ならびに羅城門などに百座をもうけて『仁王経《にんのうきょう》』を講じたとき、東西寺でも講説された（『国史大系』第三巻、二七頁）。同二年正月六日、東寺に施入されていた官家功徳料千戸のうち、二百戸を割いて僧供料にあて、鎮護国家と済世利人のために密教の法を修すべきことが勅許された。このとき、「今《いま》堂已《すで》に建つ」とあって、講堂がほぼできあがったことが記されていた（同三五頁）。同三年六月一日には、僧綱に祈雨法を修すべきことを命じたが、その修法する場所の筆頭に「東西寺並びに十三大寺、畿内諸寺」と記されている（同五五頁）。同四年四月二十五日、天地異災が頻出するとのことで、五月上旬から八月上旬にかけての各旬に三日間、二十の大寺にて大般若経を転読すべきことが勅許されたが、二十ヶ寺のなかに「東西両寺」も含まれていた（同六六頁）。そうして、同六年六月十五日、東寺講堂が落慶したのであった。「公卿 咸《ことごと》く東寺に会す。御願の諸仏開眼するに縁《よ》るなり」と簡略に記されていた（同八八頁）。講堂についで灌頂堂が完成したのであろう、同十年十一月十六日、真言宗伝法（灌頂）職位の制が定められ、あわせて結縁灌頂を修すべきことが命ぜられたのであった（同一六三頁）。

6、貞観五年（八六三）五月二十日の条

第六の事例は、『日本三代実録』巻七、貞観五年（八六三）五月二十日の条である。これは、京都祇園祭の端緒となったともいわれる神泉苑《しんせんえん》における御霊会《ごりょうえ》の記録である。本文を六段落に分けてあげてみよう。

【史料6】『日本三代実録』巻七（『国史大系』第四巻、一一二〜一一三頁）

①廿日壬午。神泉苑に御霊会を修しき。

②勅《みことのり》して左近衛中将従四位下藤原朝臣基経、右近衛権中将従四位下兼行内蔵頭藤原朝臣常行等を遣《や》りて、会の事を監《み》しめ給い、王公卿士《けいし》赴き集《つど》いて共に観《み》き。

③霊座六の前に几筵《きえん》を設け施し、花果を盛り陳《なら》べて、恭敬薫修しき。律師慧達《えたつ》を延《ま》せて講師と為《な》し、金光明経一部、般若心経六巻を演説し、雅楽寮《うたりょう》の伶人《れいじん》に命《おお》せて楽を作《な》し、帝《みかど》の近侍《きん》の児童《わらわ》、及び良家《りょうか》の稚子《ちご》を以て舞人《まいびと》と為し、大唐、高麗《こま》更出《またい》でて舞い、雑伎散楽競いて

其の能を尽しき。此の日宣旨ありて苑の四門を開き、都邑《とゆう》の人の出入して縦観《しょうかん》するを聴《ゆる》し給いき。

④所謂《いわゆる》御霊とは、崇道天皇、伊予親王、藤原夫人（吉子）、及び観察使（仲成カ）、橘逸勢《はやなり》、文室《ふんやの》宮田麻呂等是なり。並びに事《こと》に坐《つらな》りて誅《つみ》せられ、冤魂《えんこん》厲《おに》と成る。近代以来、疫病《えやみ》繁《しき》りに発《おこ》りて、死亡するもの甚《おお》だ衆し。天下以為《おもえ》らく、此の災《わざわい》は御霊の生《な》す所なりと。

⑤京畿《けいき》より始めて爰《ここ》に外国《げこく》に及び、夏天《かてん》秋節《しゅうせつ》に至る毎に御霊会を修《ず》して往々《よりより》に断たず、或は仏を礼し経を説き、或は歌い且つ舞い、童貫《どうかん》の子をして靚粧《せいしょう》して馳射《ちしゃ》し、膂力《りょりょく》の士をして袒裼《たんせき》して相撲《すまい》せしめ、騎射《きしゃ》芸を呈《あらわ》し、走馬勝《かち》を争い、倡優嫚戯《しょうゆうまんぎ》して、逓《たがい》に相い誇《ほこ》り競わしむ。聚《あつま》りて観《み》る者、填咽《てんえつ》せざるなく、遐邇因循《かじいんじゅん》して、漸く風俗を成す。

⑥今茲《ことし》春の初め、咳逆《しはぶき》、疫《えやみ》と成りて、百姓《ひゃくせい》多く斃《たお》れ、朝廷為に祈り、是《ここ》に至りて乃《すなわ》ち此の会を修《ず》す。以て宿禱《しゅくとう》に賽《さい》せしなり。　（〇番号・傍線筆者）

【要約】

①二十日。神泉苑において御霊会《ごりょうえ》を修した。

②天皇の命により、左近衛中将の藤原朝臣基経と右近衛権中将・内蔵頭の藤原朝臣常行等を派遣して、この会を監督させた。天皇家をはじめ公卿から下級官人にいたる多くの人たちが参集し、この会を観《み》た。

③六人の御霊の前には机を置き筵が敷かれ、花と果実が供えられて、恭しく香が焚かれた。律師慧達を招請して講師《こうじ》とし、金光明経一部、般若心経六巻を講説させた。あわせて、雅楽寮《うたりょう》の楽人に雅楽を演奏させ、天皇につかえる児童《わらわ》と身分の良い家の幼児を舞人《まいびと》として大唐楽・高麗《こま》楽を舞わせ、民間の芸能・軽業などの雑芸もきそってその芸を披露した。またこの日は、天皇の特別のはからいで神泉苑の四つの門が開放され、都の人も田舎の人も自由に出入りして観ることをゆるした。

④世に言う御霊とは、崇道《すどう》天皇＝早良《さわら》親王、伊予親王、その母藤原夫人（吉子）、および観察使（藤原仲成カ）、橘逸勢《はやなり》、文室宮田麻呂《ふんやのみやたまろ》等である。これらの人は、ある事件の巻き添えによって罪を科せられ、無実の罪で死んでいったこれらの人の霊魂はもののけとなった。ところでこのころ、しきりに疫病が発生し、死亡するものが甚だ多い。人々は想い想いに、この災厄は御霊のなせるところである、といった。

⑤御霊を慰撫する催しは、京・畿内からはじまって、ついにそれ以外の国にもおよび、夏・秋の季節に至るごとに度々修されてきた。（中略）

⑥今年の春のはじめ、咳《せき》のでる病（咳逆《しはぶき》）が流行病（疫《えやみ》）となって、多くの民衆が死んでいった。そこで、朝廷はそれらの人のために祈ってきたが、ここに至って御霊会を修すことにした。この御霊会をもって、とどまれる御霊に祈りむくいるのである。

このとき、無実の罪を科せられて死に追いやられ、その後、災厄《さいやく》をもたらす怨霊として人々から恐れられた六人の御霊《みたま》が、『金光明経』一部と『般若心経』六巻の講説によって、その霊が慰撫《いぶ》されたのであった。

ここにいう、怨霊として人々から恐れられていた六人とは、

㋐崇道天皇＝早良親王、

㋑伊予親王、

㋒藤原夫人（吉子）、

㋓観察使（藤原仲成カ）、

㋔橘逸勢、

㋕文室宮田麻呂

であった。

ここで留意すべきは、この六名のなかには、空海と関わりのあった人物が四名も含まれていたことである。すなわち、乙訓寺《おとくにでら》に幽閉された早良親王（㋐）、おじの阿刀大足から学問を授けられた伊予親王とその母・藤原吉子（㋑と㋒）、同じ船でもって入唐した橘逸勢（㋔）の四名である。地震・台風などによる水害・日照り・暴風雨による家屋の倒壊・疾病の流行など社会

不安をまねくできごとが起きるたびに、これらの人たちの怨霊のなせる業として恐れられ、仏教経典の転読などによって、その霊が慰撫された記録が散見される。

しかるに、このように御霊の実名をあげての慰撫は、これが最初であったと思われる。この御霊会の契機となったのは、⑥に「今年の春のはじめ、咳《せき》のでる病（咳逆《しはぶき》）が流行病（疫《えやみ》）となって、多くの民衆が死んでいった」という流行病の蔓延であった。その御霊の慰撫が『般若心経』の呪力に託されたのであった。

なお、この御霊会の導師を勤めた律師慧達《えたつ》は、仲継律師の弟子で法相宗を専門とする薬師寺の僧であった。斉衡元年（八五四）六月二十三日律師に任ぜられ、貞観六年（八六四）二月十六日法眼和上位少僧都となり、同十一年（八六九）正月二十七日大僧都に昇った。同十六年（八七四）三月二十三日には貞観寺《じょうがんじ》の落慶法要で呪願を勤め、元慶元年（八七七）八月二日入滅した。行年・臈《ろう》ともに不詳であるが、二十四年間も僧綱を務め、そのトップに準ずる大僧都にも叙せられており、当代を代表する僧であったといえよう。

7・8、貞観七年（八六五）四月五日・同年五月十三日の条

第七・八の事例は、貞観七年（八六五）四月五日と同年五月十三日の条である。これらは、疾疫の流行を未然に攘《はら》わんとして、京内において『般若心経』の読誦を命じたものである。すなわち、四月五日には、去年、天下に咳逆《しはぶき》の病が流行した。今年もまた、内外に疫病《えやみ》の気が萌《きざ》しているので、その流行を未然に防ぐため、内裏ならびに宮城の諸司・諸所に名僧一人を招請して『般若心経』を僧俗に読ましめ、読誦の巻数を奉進させたのであった。

五月十三日には、四人の僧を神泉苑に招請して『心経』を読ませ、六人の僧を七条大路と朱雀大路の交差したところに招請し東西に分けて、朝夕の二回『心経』を読ませた。夜には佐比《さひ》寺《でら》の僧恵照《えしょう》に命じて疫神《えやみのかみ》の祭を修させたのであった。

それぞれ本文をあげてみよう。

【史料7】『日本三代実録』巻十（『国史大系』第四巻、一五三・一五五頁）

①五日乙卯。是の日、内裏并びに諸司諸所に名僧一人を延《ま》きて十善の戒を受け、般若心経を読ましめ、僧俗読みし所の経の巻数を、各《おのおの》別に録《しる》して奉進《たてまつ》りき。去年天下咳逆《しはぶき》の病を患《わずら》い、今年内外に疫《えやみ》の気の萌《きざ》せる有り。故に経を転じて攘《はら》いき。

（傍線筆者）

【要約】

五日、内裏ならびに宮城の諸司・諸所に名僧一人を屈請して十善戒を受け、僧俗に『般若心経』の読誦を命じた。あわせて僧俗が読んだ巻数を、僧俗別に記録して報告させることにした。これは、去年、国中に咳逆《しはぶき》の病が流行したが、今年もあちこちに疫病《えやみ》の兆候が萌《きざ》しているからである。だから、『心経』を読誦して災厄を攘《はら》うのである。

②十三日癸巳。僧四口を神泉苑に延《まね》きて般若心経を読ましめ、又僧六口を七条大路の衢《ちまた》と朱雀道の東西とに分ち配《くば》りて、朝夕《てうせき》の二時に般若心経を読ましめ、夜は佐比寺《さひでら》の僧恵照をして、疫神《えやみのかみ》の祭りを修《ず》し、以て災疫《さいえき》を防《ふせ》がしめき。預《あらかじ》め左右京職に仰せて、東西九箇条の男女《なんにょ》をして、人別《ひとごと》に一銭を輸《いた》して僧の布施供養に充てしめき。京邑《けいゆう》の人民をして功徳に頼《よ》りて天行《わざわい》を免れしめんとせしなり。　（傍線筆者）

【要約】

十三日、僧四人を神泉苑に屈請して『般若心経』を読ませ、僧六人を七条大路と朱雀大路の交差点に屈請して東西に別けて、朝と夕の二回『般若心経』を読ませ、夜には佐比寺《さひでら》の僧恵照を招請して疫神《えやみのかみ》の祭を行い、これらによって災疫《さいえき》の防止をはかった。前もって、左右京職に命じて、東西九条に住する男女《なんにょ》に、一人あたり一銭を供出させ僧の布施・供養料に充てることとした。これは、みやこに住まう人びとに功徳を積ませ、その功徳によって災厄を免れさせようとしたのであった。

ここには、注目すべきことが二つある。一つは、僧の布施・供養料を、みやこに住まう男女一人あたり一銭を供出させ、それを充てたことである。今一つは、この布施・供養料の供出によって功徳を積ませるとともに、その功徳によって災厄を免れることができるとすることである。

9、貞観八年（八六六）正月五日の条

第九の事例は、貞観八年（八六六）正月五日の条である。この日、三日を限って、天安寺において、天安二年（八五八）八月二十七日に崩御した文徳《もんとく》天皇のために、『金剛般若経』一千巻、『般若心経』一万巻を転読すべきことが命ぜられた。天安寺は、故右大臣清原夏野の山荘を寺としたもので、天安二年十月二十七日、文徳天皇の七七日忌の追善仏事が修されたときを初出とする（『国史大系』、七頁）。これに続くのが本条であり、貞観十七年（八七五）十一月十五日には右京二条四坊にあった伴善男《とものよしお》の没官地一町が、元慶三年（八七九）四月七日には山城国葛野郡上林郷にあった善男の没官墾田三町二段五十歩が、それぞれ天安寺に施入された。

ここで、天安寺地のもとの持ち主であった清原夏野について、一瞥しておこう。夏野は、天武天皇の子・舎人《とねり》親王の曾孫にあたり、延暦二十三年（八〇四）六月清原真人の姓を賜い、蔵人頭・参議をへて天長九年（八三二）十一月大納言から右大臣となった。天長十年に成立した『令義解《りょうのぎげ》』の編纂に加わり、同じ年『内裏式《だいりしき》』を補訂し、『日本後紀』の編纂にも関与し、承

和四年（八三七）十月、右大臣のまま薨じた。五十六歳であった。なお、天安寺が所在したのは、現在の法金剛院（右京区）の地であった。

ではなぜ、この日に転読がおこなわれたのであろうか。本文には「田邑《たむらの》天皇（＝文徳天皇）の奉為《おんため》に」とあり、これを信じるならば、文徳天皇の菩提《ぼだい》を祈るためであったといえるけれども、この日は天皇崩御から九年目にあたり、追善のための転読とは考えがたい。また、この条の前後には、転読に結びつく事柄は見当たらない。しかるに、一年前の貞観七年正月四日の条に、つぎのような記録がある（『国史大系』、一四五頁）。

昨年、陰陽寮から「明年、兵疫の災い有り」と奏上してきた。またこの度は、天文博士から「兵事に用心すべし」と奏上してきた。そこで、僧綱に勅して「災いを未然に防ぎ、幸いを未来に延ばすには、仏法の力、仏典の功徳に勝るものはない。一七日の間、十五大寺にて大般若経を転読しなさい。十五大寺に接する諸寺にて金剛般若経を転読しなさい」と命じた。また、全国の国司・講師に符を下して、符の到着から一七日の間、国分寺ならびに定額諸寺にて大般若経を転読すべきことを命じた、と。

確証はないけれども、貞観八年正月五日の『金剛般若経』『般若経』の転読は、兵疫の災いを未然に防ぐための転経であったとみなしておきたい。

さいごに本文をあげておく。

【史料8】『日本三代実録』巻十二（『国史大系』第四巻、一七一頁）

五日壬午。天安寺に於いて、限るに三日を以てして、田邑《たむらの》天皇の奉為《おんため》に金剛般若経千巻と般若心経万巻とを転読せしめき。

10～12、貞観八年（八六六）二月七日・十四日・十六日の条

第十・十一・十二の事例は、貞観八年（八六六）二月七日・十四日・十六日の三条である。この三条は、信濃国水内郡の三和《みわ》・神部《かんべ》神と肥後国の阿蘇大神、そして摂津国の住吉大神が、忿怒の心をいだき兵疫の災いを起そうとしているとの神祇官の奏言をうけ、国司には奉幣《ほうべい》を、講師・僧らには『金剛般若経』『般若心経』の転読を命じたのであった。なぜ、諸国の神々が怒っているのかは明らかではない。しかるに、この年にいたって、急に神祇の記録が頻出することと無関係ではないように思われるが、詳細は後考を待つことにしたい。

参考までに、本文をあげてみよう。

【史料9】『日本三代実録』巻十二（『国史大系』第四巻、一七六・一七七頁）

①七日癸丑。神祇官奏言《そうげん》しけらく。「信濃国水内郡《みのちのこおり》の三和《みわ》、神部《かんべ》の両神、忿怒《いかり》の心有りて、

兵疫《へいえき》の災《わざわい》を致すべし」と。勅して、国司講師をして虔誠《けんせい》潔斎して幣《みてぐら》を奉り、并《あわ》せて金剛般若経千巻、般若心経万巻を転読せしめ、以て神の怒《いかり》を謝《さ》り、兼ねて兵疫《へいえき》を厭《はら》わしめたまいき。

②十四日庚申。神祇官奏言《そうげん》しけらく。「肥後国阿蘇大神怒気《いかり》を懐蔵《いだ》き、是《これ》に由《よ》りて疫癘発《えやみおこ》り隣境《となりぐに》の兵《いくさ》を憂《うれ》うべし」と。勅あり。「国司は潔斎して至誠奉幣し、并せて金剛般若経千巻、般若心経万巻を転読し、大宰府司は城山《きのやま》の四王院に、金剛般若経三千巻、般若心経三万巻を転読し、以て神の心に謝《しゃ》し奉り、兵疫を消伏せよ」と。

③十六日壬戌。勅して十一の僧を遣《や》り、摂津国住吉神社《すみのえじんじゃ》に向《おもむ》きて、金剛般若経三千巻、般若心経三万巻を転読し、以て神の心に謝し奉り、兵疫《へいえき》を消伏せしめたまいき。

（〇番号・傍線筆者）

これら三条で特筆すべきは、転読する遍数が莫大な数になっていることである。七日の信濃国の三和・神部神と十四日の阿蘇大神には『金剛般若経』千巻、『般若心経』万巻とあり、十六日の住吉大神では『金剛般若経』三千巻、『般若心経』三万巻とあって、遍数の増加が顕著にみられたのであった。この遍数の増加は、「兵疫の消伏」が目的であったからであるとみなしておきたい。

13・15、貞観八年（八六六）閏三月朔日・同年十月二十七日の条

第十三と十五の事例は、貞観八年閏三月朔日と同年十月二十七日の条である。これらは、京に近い四十三の寺に『金剛般若経』『般若心経』の転読を命じたものである。前者には、転読の理由を記さないけれども、後者には「災禍を消伏」せんがためであったと記す。転読を命じた寺を、ともに「近京の四十三寺」と記すことから、同じ理由による転読ではなかったかと考えておきたい。本文をあげておく。

【史料10】『日本三代実録』巻十二・十三（『国史大系』第四巻、一八〇・二〇二頁）

①閏三月丙午の朔。近京の四十三ケ寺に、金剛般若経、般若心経を転読せしめき。

②廿七日戊戌。近京の四十三寺に於いて、金剛般若経、般若心経を転読せしめき。以て災禍を消伏せしなり。

（〇番号・傍線筆者）

14、貞観八年（八六六）四月五日の条

第十四の事例は、貞観八年（八六六）四月五日の条である。この日、京《みやこ》に近い十六ヶ寺と近江国の梵釈寺・崇福寺に命じて、三日を限って『金剛般若経』と『般若心経』を転読せしめた

のであった。残念ながら、その理由は記されていない。しかるに、半月前の閏三月二十二日、近江国崇福寺に二十僧を屈請し、七日を限って『大般若経』を転読せしめ、同国梵釈寺に十僧を屈請し、七日を限って四王の秘法を修せしめている。この転読と修法は「災変を消す」ためであったと記す。ここにいう「災変」とは、閏三月十日の応天門の炎上をさす。同年四月二十六日には、東西両寺および五畿七道に『仁王般若経』の転読を命じているが、その理由を「応天門に火あるを以て、余殃《よおう》を消す」ためであったという。「余殃」とは「同様のわざわいである。因みに、大宅鷹取《おおやけのたかとり》の訴えにより、応天門炎上の犯人として伴善男が拘束されたのは、同年八月七日のことであった。

ともあれ、本文をあげておく。

【史料11】『日本三代実録』巻十二（『国史大系』第四巻、一八二頁）

五日己卯。京《みやこ》に近き十六箇寺及び近江国の梵釈寺崇福寺等に於いて、限るに三日を以てして金剛般若経、般若心経を転読せしめき。

（傍線筆者）

16、貞観九年（八六七）五月十日の条

第十六の事例は、貞観九年（八六七）五月十日の条である。この日、六十人の僧を紫宸殿に屈請し、三日を限って『大般若経』を転読するとともに、みやこの役所に出仕する役人および世襲的な職業をもって朝廷に仕えていた雑色《ぞうしき》には『般若心経』を読ませ、その巻数を十三日に太政官まで報告させたのであった。残念ながら、その目的は記されていない。同月三日、四月以来の長雨を止めるため、畿内の諸神に幣帛を納めているが、このことに関連してのことであったかもしれない。本文をあげておこう。

【史料12】『日本三代実録』巻十四（『国史大系』第四巻、二一六頁）

十日戊申。六十の僧を紫宸殿に請じ、限るに三日を以て、大般若経を転読せしめき。諸司の官人《かんにん》已下《いげ》雑色《ぞうしき》已上をして般若心経を読ましめ、其の巻《まき》の数を十三日に太政官に進《たてまつ》らしめき。

（傍線筆者）

17、貞観十四年（八七二）五月三十日の条

第十七の事例は、貞観十四年（八七二）五月三十日の条である。想像すらできないような摩訶不思議な大蛇の仕業が記されている。すなわち、駿河国国分寺の別堂に居ついていた大蛇が、『般若心経』三十一巻をもって一軸とした経巻を呑みこんだ。見ていたものが、尾に縄をかけ樹に吊したところ、しばらくして蛇は経巻を吐きだし、地に落ちて気絶した。ややあって、蛇

は生きかえったという。これが事実であったとしても、にわかには信じがたい大蛇の所業といえよう。

参考のため、本文をあげておく。

【史料13】『日本三代実録』巻二十一（『国史大系』第四巻、三〇九頁）

卅日己亥。駿河国国分寺の別堂に大蛇《おろち》有り。般若心経卅一巻、複《あわ》せて一軸と為《な》ししを呑む。観る者縄を蛇の尾に結び、倒《さかしま》に樹上に懸く。小選《しばらく》して経を吐き、蛇地に落ちて半《なかば》死に俄《しばらく》して更《また》生きき。

（傍線筆者）

18、貞観十七年（八七五）十一月十五日の条

第十八の事例は、貞観十七年（八七五）十一月十五日の条である。これは、第一の天平宝字二年（七五八）の事例でみた「三合《さんごう》」に関連する記録である。すなわち、『黄帝九宮経《こうていくくうきょう》』によると、「三合」の年には「毒をふくんだ気が盛んとなり、水害と日照りが合せて起り、早苗《そうびょう》（＝さなえ）は傷つき、火災の難があり、群れをなして人民を攻め脅《おびや》かして損害をあたえる寇《こう》盗《とう》がしきりに起き、兵乱による死者や流行病も相次いで発生する」とあるという。

明年がこの「三合」の年にあたる。天平宝字三年（七五九）の「三合」は、天下に命じて

『般若心経』を読誦した結果、その災厄を免れることができた。これが手本とすべきよき例であるといい、明年の「三合」の災厄《さいやく》を未然に防止するため、『般若心経』の読誦が命ぜられたのであった。ただし、このとき、どの範囲を対象として読誦が命ぜられたかは明記されていない。因みに、第一の事例である天平宝字二年のときは、天下諸国の老若男女、つまりすべての人民を対象に命ぜられたのであった。天平宝字三年の「三合」をよき手本とすべし、というからには、すべての人民を対象に命じられたとみなしておきたい。

ここで、長文ではあるけれども、本文をあげておく。

【史料14】『日本三代実録』巻二十七（『国史大系』第四巻、三六六～三六七頁）

十五日甲午。陰陽寮言《もう》しけらく。

①「黄帝《こうてい》九宮経《くくうきょう》の粛吉《しゅくきつ》九篇に云う。『天《てん》に承《う》くる道、人《ひと》に因《よ》る情《じょう》、上《うえ》は三光《さんこう》を占《うらな》い、下《した》は五《ご》行《ぎょう》を用いる。三神《さんじん》相い合うを名づけて三合《さんごう》と曰う』と。

②所謂《いわゆ》る三神とは大歳《たいさい》、客気《かくき》、太陰《たいいん》是なり。今《いま》、上元《じょうげん》の己亥《きがい》より本朝の貞観十八年丙申に至るまで、年《とし》を積むこと四千九百七十八算上《さんじょう》なり。三元の百八十を以《もち》て除《じょ》するに、今は中元《ちゅうげん》の末《すえ》、下元《かげん》の内《うち》なり。三合《さんごう》の運《うん》当に明年に在《あ》るべし。

③経に曰う。『毒気《どくき》流行して、水旱摂并《すいかんかねあわ》せ、苗稼傷残《びょうかしょうざん》して、災火《さいか》殃《わざわい》を為《な》し、寇盗《こうとう》大《おおい》に起り、

兵《ひょう》喪疾疫競《そうしつえききそ》いて並び起《た》つ』と。

④実《まこと》に是《これ》五行の理運《りうん》に当ると雖も、災《わざわい》を弭《とど》むる術《じゅつ》は既に祈祷に在り。夫れ禍福《かふく》の応《おう》は譬《たと》えば影響のごとく、吉凶《きっきょう》の変は慎《つつし》むと慎まざるとにあり。此の時に当りて、人君《じんくん》徳を修《おさ》め仁《じん》を施《ほどこ》さば、自然に災《わざわい》を銷《け》して福を致さん。

⑤去《さ》る天平宝字三年己亥《きがい》は歳三合《としさんごう》の理運に当れり。是《これ》則ち三元《さんげん》大《おおい》に終りて五徳始《はじめ》に復《ふく》する年なり。上元《じょうげん》の三合、初めて斯《こ》の年に在り。是《これ》に由《よ》りて有司《ゆうし》上奏す。

⑥詔《みことのり》して天下《てんか》に頒下《はんげ》して般若心経を読ましめ、既に其の災《わざわい》を免れき。即ち是《これ》本朝の殷《いん》鑑《かん》なり」と。　（○番号・傍線筆者）

【要約】

陰陽寮からつぎのように奏上してきた。

①「『黄帝九宮経《こうていくくうきょう》』の「粛吉《しゅくきつ》九篇」につぎのように記す。『天帝から授けられた道理、人に起因する真理、（これらのはたらきによって）、天界では日・月・星の運行がはかられ、地上界では木・火・土・金・水がやむことなく巡っている。大歳《たいさい》と客気《かくき》・太陰《たいいん》の三神《さんじん》が出会うことを三合《さんごう》という』』と。

②三神とは、大歳《たいさい》と客気《かくき》と太陰《たいいん》とをいう。今《いま》、上代の己亥《きがい》の日より数えて、わが国の貞観十八年（八七六）に至るまで、年を積むこと四千九百七十八年となる。これを、百八十をも

って割り算する方法によって求める上・中・下の三元にあてはめると、今は中元《ちゅうげん》の末か、すでに下元《かげん》にはいっているであろう。三合の巡りが、正に明年に当っている。

③『九宮経』には「三合」の年をつぎのように記す。『毒をふくんだ気が盛んとなり、水害と日照りが合せて起り、早苗《そうびょう》（＝さなえ）は傷つき、火災の難があり、群れをなして人民を攻め脅《おびや》かして損害をあたえる寇盗《こうとう》がしきりに起き、兵乱による死者や流行病も相次いで発生する」と。

④これらは実に木・火・土・金・水の五行の運行によるものであるとはいえ、災いを止める術《じゅつ》は祈祷によるしかない。それ禍《わざわい》と福《さいわい》の違いは形に必ず影があり、音に必ず響きがあるように、禍福には密接な因果・対応の関係からなっており、吉と凶との違いは慎《つつし》むと慎まざるとによるのである。「三合」の時に当って、天皇が徳を修《おさ》め仁政を行うならば、自ずから災いを消し去り幸福をもたらすであろう。

⑤去る天平宝字三年（七五九）は歳《とし》の巡りが三合《さんがう》に当たっていた。この「三合」の年は、すなわち三元《さんげん》が一区切り終って、五徳が回復する年に当る。上元《じゃうげん》の三合が、この年から始まるのである。この理由により、陰陽寮から上奏したのであった。

⑥この上奏を受けて、『般若心経』を読誦すべき詔《みことのり》を日本国中に公布したところ、三合にともなう災厄を免れることができた。そこで、この天平宝字三年の詔が、わが国における

「三合」の手本とすべきよき例とした」と。

おわりに――特記すべきこと

以上、「六国史」にみられる『般若心経』をみてきた。十八条しかなく、決して多いとはいえないけれども、その特色を記すと、つぎの三つとなる。

第一は、『般若心経』の読誦が命じられたそのほとんどの事例が、疾疫＝流行病・水害・日照り・兵疫などの災厄・災禍を未然に防ぐためであったことである。このことを確認するため、十八の事例の要約をあげてみよう。

一　明年が暦のうえでの厄年《やくどし》である「三合」の年にあたる。水害・日照り・流行病などの災厄を未然に防ぐため、天皇をはじめ、すべての日本国民に対して、四六時中不断に、『般若心経』を念誦することが命ぜられた。

二　流行病＝はやりやまいに苦しむ人たちのために『般若心経』を読誦することが、京畿七道＝日本全国に命ぜられた。

三　常楼卒伝＝常楼は、七十四歳で示寂するまでの四十年間、『般若心経』百巻・『無染着《むせんちゃく》陀羅尼』百八遍を誦ずることを日課としていた。
四　災いの兆しが頻繁にみられるとのことで、流行病の憂《うれ》いがなくなり、農作物が豊かに稔る喜びをとりもどすことを目的として、『般若心経』による供養会が諸国すべてに命ぜられた。
五　彗星《すいせい》がしきりに出現するため、東西両寺において『般若心経』を講読させた。
六　御霊会《ごりょうえ》の記録。無実の罪を課せられて死に追いやられ、その後、災厄《さいやく》をもたらす怨霊《おんりょう》として人々から恐れられていた六人の御霊《みたま》が、『金光明経』一部と『般若心経』六巻の講説によって慰撫《いぶ》された。
七　疾疫の流行を未然に攘《はら》うために、京内において『般若心経』の読誦を命ぜられた。
八　疾疫の流行を未然に攘《はら》うために、京内において『般若心経』の読誦を命ぜられた。
九　三日を限って、天安寺において、天安二年（八五八）八月二十七日に崩御した文徳天皇のために、『金剛般若経』一千巻、『般若心経』一万巻を転読すべきことが命ぜられた。兵疫の災いを未然に防ぐための転経と考えられる。
十　信濃国水内郡の三和《みわ》・神部《かんべ》神が忿怒の心をいだき兵疫の災いを起そうとしているとの神祇官の奏言をうけ、講師・僧らに『金剛般若経』『般若心経』の転読を命じたのであった。
十一　肥後国の阿蘇大神が忿怒の心をいだき兵疫の災いを起そうとしているとの神祇官の奏言をうけ、講師・僧らに『金剛般若経』『般若心経』の転読を命じたのであった。

十二　摂津国の住吉大神が、忿怒の心をいだき兵疫の災いを起そうとしているとの神祇官の奏言をうけ、講師・僧らに『金剛般若経』『般若心経』の転読を命じたのであった。

十三　京《みやこ》に近い四十三の寺に『金剛般若経』『般若心経』の転読を命じた。「災禍を消伏」せんがためであった。

十四　京に近い十六ヶ寺と近江国の梵釈寺・崇福寺に命じて、三日を限って『金剛般若経』と『般若心経』を転読せしめた。「災変を消す」ためであった。「災変」とは、閏三月十日の応天門の炎上をさす。

十五　京に近い四十三の寺に『金剛般若経』『般若心経』の転読を命じた。「災禍を消伏」せんがためであった。

十六　六十人の僧を紫宸殿に屈請し、三日を限って『大般若経』を転読するとともに、みやこの役所に出仕する役人および世襲的な職業をもって朝廷に仕えていた雑色《ぞうしき》には『般若心経』を読ませ、その巻数を太政官まで報告させた。止雨のためであったと推察される。

十七　駿河国国分寺の別堂に居ついていた大蛇が、『般若心経』三十一巻をもって一軸とした経巻を呑みこんだ。

十八　明年が「三合」の年にあたる。天平宝字三年（七五九）の「三合」は、天下に命じて『般若心経』を読誦した結果、その災厄を免れることができた。これが手本とすべきよき例であるといい、明年の「三合」の災厄を未然に防止するため、『般若心経』の読誦が命ぜられた。

第二の特色は、この時代の『般若心経』観といってよい文章に出会えたことである。その『般若心経』観であるが、第一・天平宝字二年の事例に、

摩訶般若波羅蜜多はこれ諸仏の母である。四句の偈すなわち掲諦掲諦《ギャテイギャテイ》等の偈頌を受持し読誦すれば、仏果にいたる功徳が得られることは、考えが及ばないほど甚大である。

と記されていた。

ここに「四句の偈すなわち掲諦掲諦《ギャテイギャテイ》等の偈頌を受持し読誦すれば」と現代語訳したところの原文は、「四句の偈等を受持し読誦せば」である。「四句の偈等」とあるので、「掲諦　掲諦　波羅掲諦　波羅僧掲諦　菩提薩婆訶」の一節を指すことはまちがいないであろう。また、「仏果にいたる功徳が得られることは、考えが及ばないほど甚大である」と訳した原文は、「福徳《ふくとく》聚《あつま》ること得て思ひ量《はか》るべからず」であった。

ここにみられる『般若心経』観は、空海の『般若心経』観と相通じることから注目される。すなわち、空海は『般若心経秘鍵』の冒頭で、

覚母《かくも》の梵文《ぼんもん》は調御《ちょうご》の師なり

〔訳〕般若仏母が手にもつ梵文の経典は、そこに説かれる教えにもとづいて開悟するので、

仏の師という。

といい、本文中で『般若心経』の肝心要《かんじんかなめ》は掲諦掲諦《ギャテイギャテイ》の呪明《じゅみょう》・真言である、といっているからである。

第三の特色としては、水害・日照り・流行病などの災厄を除去するのにもっとも効果が期待できるのが『般若心経』の念誦である、と記されるところである。これも、第一・天平宝字二年の事例に、

天皇をはじめ日本国民すべてが『摩訶般若波羅蜜多心経』を念誦することが、兵乱や災害、流行病や疫病神などの災厄を断ちきり、幸福を獲得するうえで、これに勝るものはない。

とみられるのであった。

ただし、この『般若心経』の念誦が災厄を除去するのに絶大なる効果がある、とみなす点は、『般若心経秘鍵』には直截《ちょくせつ》に記されてはいない。空海は、『般若心経』の念誦はさとりにいたる近道である、と喝破していたのであった。

第三章　嵯峨天皇宸筆『般若心経』の天覧・頂戴

はじめに

空海撰述の『般若心経秘鍵』巻末の「上表文」に記されていた、弘仁九年（八一八）春の大疫と、そのことを契機として嵯峨天皇が『般若心経』を書写されたことは、今日残る史料によるかぎり、史実であったことは確認できなかった。

しかるに、先に紹介した『吾妻鏡』嘉禄元年（一二二五）五月一日の条には、数千人におよぶ病死者が出たとき、その災厄を攘《はら》わんがために、『般若心経』『尊勝陀羅尼』それぞれ一万巻を書写・供養したいが、どのようにすればよいか。と、時の最高権力者であった北条政子《ほうじょうまさこ》から尋ねられたとき、僧正法印定豪は、嵯峨天皇の時代に疫病が大流行し、日本全国に若者の死者がきわめて多くでた。そのとき、嵯峨天皇はみずから『般若心経』を書写され、その写経を弘法大師に供養させた。
と応えた、とあった。

この記録の前後を見ていくと、前年の冬からこの年の春にかけて疫病が大流行し、死者が数千人にのぼったため、嘉禄元年四月二十日、元号を「元仁《げんにん》二年」から「嘉禄《かろく》元年」に改めたことが注目される。なぜなら、これから検討する嵯峨天皇の宸筆『般若心経』が秘蔵されていた嵯峨大覚寺から持ち出されたときの記録がみられる前後に、必ずといってよいほど改元の記録がみられるからである。

それはさておき、「元仁二年」から「嘉禄元年」へ改元されたことを記す史料をみておこう。藤原定家の日記『明月記』嘉禄元年二月七日の条には、

此の冬春《とうしゅん》の間《あいだ》、世間の疫癘《えきれい》道路に満つ、と云々。（傍線筆者）

とあって、前年の冬からこの年の春にかけて疫病が大流行し、死者が道路を埋めていたことが記されている。

一方、鎌倉時代末期に成立した『一代要記』同年四月二十日の条には、

改元。疱瘡《ほうそう》に依るなり。（傍線筆者）

とあり、この日天然痘の大流行によって改元されたという。十四世紀後半に著された『歴代編年集成』（『帝王編年記』ともいう）には、

元仁二年四月二十日改元。大疫《たいえき》に依るなり。元仁二年を嘉禄元年と為《な》す。（傍線筆者）

と、四月二十日、疫病の大流行によって元仁二年を嘉禄元年と改めたことを、より具体的に記していた。

そうして、嘉禄元年五月一日、北条政子から招請された定豪《じょうごう》が、疾疫の大流行をうけて嵯峨天皇が『般若心経』を書写され、空海に供養させたことを語ったのであった。

この諮問《しもん》・応答をうけて、同年五月二十二日、鎌倉鶴岡八幡宮において、「千僧供養会」が行われた。

この供養会は、北条政子の命により執り行われたため、千二百人の僧を招集するという、極めて大がかりなものであった。それに先立ち、数々の作善が行われた。すなわち、

一つには『般若心経』『尊勝陀羅尼』おのおの一千巻を印刷し、一つには『般若心経』『尊勝陀羅尼』各百巻を金泥をもって書写した。このうち、後者は各国の一宮に奉納するためであった。

という。供養会の導師は、鶴岡八幡宮寺社務職《しゃむしき》であった弁僧正定豪が務めた。供養会当日は、『仁王護国般若経』一巻を転読し、『般若心経』『尊勝陀羅尼』各十遍を読誦した。二日後の二十四日夜、待望の甘雨が降った。真心からの供養会に諸天が感応した証しであったという。

つぎに、供養会の記録をあげておこう。

【史料1】『吾妻鏡』（吉川家本）嘉禄元年五月二十二日の条（『大日本史料』第五編之二、六四一〜六四二頁）

廿日庚申。千僧供養の事。其の沙汰有り。衆僧の為に、座を鶴岡廟庭に仮屋《かりおく》を造ると云々。

廿二日壬午。天晴。風静か。鶴岡八幡宮に於いて、千二百口の僧供養有り。

(あ)寅刻（午前六時）、衆僧各《おのおの》左右の回廊、并《なら》びに仮屋《かりおく》等に著座す。

(い)先ず仁王経一巻を転読す、次いで心経・尊勝陀羅尼等十返を誦ず。

(う)亦《また》心経・尊勝陀羅尼各《おのおの》一千巻を摺《す》らる。次いで、彼の経各《おのおの》百巻を金泥を以て書写す。

是れは諸国一宮毎《ごと》に一巻を奉納せらるべし、と云々。

(え)次に供養の儀有り。導師は弁僧正定豪。十物十五種〈被物《かずけもの》砂金、裹物《つつみもの》、帖絹、染物、染付帷糸、白布、藍摺《あいずり》、綿、色革《いろがわ》、銭貨《せんか》、準布《じゅんぷ》〉。布施に紫宿衣《むらさきしゅくえ》一領を加う。千僧の布施は、口別に裹物一帖、絹一疋、袋米一〈三斗を納む〉、二百僧分は被物一重、帖絹一疋、袋米一〈同上〉、此の外《ほか》諸人に曳物《ひきもの》を加う。布、銭、扇、経袋等巨多《きょた》なり。其の員《かず》を知らず、と云々。

(お)天下に疫気流布し、炎旱旬に渉るの間、彼の御祈の為に諸の御家人に勧めて此の作善に及ぶ。大膳亮《だいぜんのすけ》広仲、左近大夫将監《しょうげん》佐房等を奉行《ぶぎょう》と為《す》。廿四日、甲申。去夜雨下《ふ》る。炎旱の間、窮民愁緒の処、法会の後、忽ちに此の甘雨有り。爰《ここ》に諸天感応を垂れるを知る。国土豊饒《ほうじょう》を歌うべき者なるや。（〇記号・傍線筆者）

この記録で特記すべきことは、この「千僧供養会」のとき、嵯峨天皇が自ら『般若心経』を書写されたこと、その『心経』を空海が供養したこと、は語られていたけれども、大覚寺秘蔵の嵯峨天皇宸筆『般若心経』そのものについての記録は、まだ見られないことである。なぜ、見られなかったのか。それは、供養会の会場が鎌倉であったからである、と考える。

また、布施の豪華さが目につく。導師を務めた弁僧正定豪には、十物十五種に紫宿衣《むらさきしゅくえ》一領が加えられた。十物十五種とは、被物《かずけもの》砂金、裹物《つつみもの》、帖絹、染物、染付帷糸、白布、藍摺《あいずり》、綿、色革《いろがわ》、銭貨《せんか》、準布《じゅんぷ》などであった。また、千僧には、一人当たり裹物一帖、絹一疋、三斗入りの袋米一であった。二百僧には、一人当たり被物一重、帖絹一疋、三斗入りの袋米一であった。これ以外にも、全員に曳物《ひきもの》として布、銭、扇、経袋などをたまわったという。まさに「その員《かず》を知らず」であった。

一、嵯峨天皇宸筆『般若心経』の天覧・頂戴の記録（一）――中世の事例

『般若心経秘鍵』巻末に添えられた「上表文」は、空海作ではなく、十二世紀前半に偽作されたものであった。しかしながら、「上表文」に記されていた、

ⓐ嵯峨天皇が『般若心経』を書写されたこと、

ⓘ天皇書写の『心経』を空海が供養したこと、

は、鎌倉時代以降、堅く信じられてきた。そうして、大覚寺に勅封されていた嵯峨天皇宸筆の『般若心経』は、悪疫《あくえき》の流行・大飢饉などに際して、たびたび開封され、天覧に供されるとともに、一般のひとたちにも披露・頂戴されるようになった。また、歴代の天皇は、嵯峨天皇の聖蹟にあやかって、みずから紺紙に金泥をもって『般若心経』を書写された。

その最初の記録は、正元元年（一二五九）五月二十二日であり、これ以降、江戸時代の十九世紀半ばにいたるまで、二十七の事例をみいだすことができた。それら大覚寺に秘蔵されていた勅封の『般若心経』が御所に運ばれ、天覧に供された記録を年表風に記すと、表二のようになる。

表二、大覚寺秘蔵の勅封『般若心経』が天覧に供された記録

番号	年・月・日	摘要	出典
1	正元元年（一二五九）五月二二日	**嵯峨帝**心経を頂戴、**後嵯峨帝**心経を書写す	二条大納言資季卿記
2	正応二年（一二八九）七月五日	疫病流行す。**伏見天皇**心経を書写す。	続史愚抄
3	康安元年（一三六一）五月二八日	大疫流行す。**後光厳天皇**心経を書写す。	進献記録抄纂
4	貞治五年（一三六六）五月一五日	**後光厳天皇**、宸筆心経を供養し、書写す	大覚寺譜
5	寛正二年（一四六一）三月二八日	**後花園天皇**、宸筆心経を大覚寺に納める	碧山日録
6	文明三年（一四七一）閏八月八日	赤疹流行のため、嵯峨天皇の宸筆心経を頂戴す。	宗賢卿記
7	長享二年（一四八八）七月一二日	嵯峨天皇宸筆の心経を頂戴	親長卿記、実隆公

		す。	記
8	延徳四年（一四九二）五月九日	疾疫流行す。嵯峨天皇の宸筆心経を礼拝す。	後法興院記、御湯殿上日記
9	天文三年（一五三四）五月中旬	疾疫流行す。**後奈良帝**弘仁の往時を模す	大覚寺文書
10	天文九年（一五四〇）六月一七日	疾病流行す。後奈良天皇心経を金字で書す	五八代記
11	永禄四年（一五六一）九月日	正親町《おおぎまち》天皇、心経を書写す。	大覚寺文書
12	明和二年（一七六五）一〇月二七日	親王・准后・伏見宮御違例	心経御開封記
13	明和九年（一七七二）八月二六日	？	心経御開封記
14	明和一一年（一七七四）六月四日	中宮御不例カ	心経御開封記
15	文化一〇年（一八一三）春	仙洞（後桜町院）御不例	心経御開封記
16	文化一〇年（一八一三）一二月一〇日	中宮御不例	心経御開封記
17	文化一一年（一八一四）六月四日	中宮御不例カ	心経御開封記
18	文化一三年（一八一六）一二月三日	東宮御不例、**光格天皇**心経を書写す	心経御開封記、勅封心経

19	文政二年（一八一九）三月一八日	高貴宮様御不例（御疫症）	心経御開封記
20	文政四年（一八二一）二月六日	高貴宮（瑠璃光院）御不例	心経御開封記
21	文政六年（一八二三）四月一日	准后（新皇嘉門院）御妊懐御不例	心経御開封記
22	文政一〇年（一八二七）一月四日	円台院宮御違例（瘧症）	心経御開封記
23	文政一一年（一八二八）九月一日	内大臣（近衛）御違例（疫症）	心経御開封記
24	文政一三年（一八三〇）一二月三日	東宮御不例カ	心経御開封記
25	天保一〇年（一八三九）	光格天皇御違例（御中気）	心経御開封記
26	弘化三年（一八四六）六月一五日	女院（新清和院）御違例	心経御開封記
27	弘化四年（一八四七）七月二二日	学心院御違例	心経御開封記
28	嘉永七年（一八五四）二月二五日	？	心経御開封記

この一覧表をみて、特記すべきことが二つある。第一は、十一番目の永禄四年（一五六一）九月日、正親町《おおぎまち》天皇が『般若心経』を書写されたときまでの事例と、十二番目の明和二年（一七六五）十月二十七日、親王・准后・伏見宮御違例によって開封されて以降の事例とでは、開封の目的・理由がまったく異なることである。

すなわち、十一番目までは悪疫などの流行にともない、その退散が主たる目的であった。一方、十二番目の十八世紀半ば以降は、天皇・東宮・中宮・親王・准后といった天皇家に属する個人の御不例、つまり病気に際して開封されたのであった。

第二は、確証が得られないので、表二には収録しなかった開封の記録が二つ伝存することである。その記録とは、一つは大覚寺蔵の勅封したときの歴代天皇の「勅封花押《かおう》」であり、いま一つは大覚寺蔵の空性法親王筆「勅筆心経開封目録」である。これらの記録の内容については、あとで紹介したい。

本節では、今上陛下が言及された、歴代の天皇が疫病や大飢饉などに苦しむ人たちのために、大覚寺に秘蔵されていた「勅封心経」を御所に運ばせ供養・頂戴するとともに、天皇みずからが『般若心経』を書写された一～十一の事例を、関連する史料を提示しながら少し詳しくみておくことにしたい。

［付記1］

嵯峨天皇の宸筆『般若心経』をとりあつかった論考が六つある。すなわち、

1、小田慈舟：勅封心経について『密宗学報』第一四一号、八七～九九頁、一九二五年一月

2、川嶋将生：大覚寺文書　解説『大覚寺文書』下巻、四六九～四七〇頁、一九八〇年九月
3、川嶋将生：大覚寺の歴史『大覚寺の名宝』（図録）一一～一二頁、一九九二年、京都国立博物館
4、下坂　守：（大覚寺）書籍『大覚寺の名宝』（図録）二〇頁、一九九二年、京都国立博物館
5、赤尾栄慶：大覚寺の般若心経―天皇と貴紳の祈り―『大覚寺』（古寺巡礼京都28）一一七～一二一頁、二〇〇八年一二月、淡交社
6、武内孝善：大覚寺の歴史『大覚寺』（古寺巡礼京都28）一〇二頁、二〇〇八年一二月、淡交社

の六つである。この中、もっとも多くの事例を論じたのは1の小田論考であり、表二の番号1～5・9・10・17の八つの事例をとりあげるけれども、その記述はそれほど詳しくはない。残りの五つは簡略なものであり、特に、4の下坂論考は、「勅封心経」として伝存する六名の天皇名をあげ、それらの『心経』がきわめて厳粛な作法のもとに書写されたことを記すに過ぎない。また、2と3の川嶋論考、5の赤尾論考、6の武内論考は、表二の7・長享二年（一四八八）七月の事例を紹介するだけといってよいものである（赤尾論考は、9の事例も紹介する）。

よって、二十七の事例をとりあげ、根本史料にもとづいて比較的詳しく論じたものは、本稿以外にはいまだ見られないのである。

再校の時点で、新たに「勅封心経」の開封年次を記す論考を見つけた。大覚寺編『大覚寺略史』一九三五年である。特に参考となるのは、明治時代以降の開封年次を記すところである。

1、正元元年（一二五九）五月二十二日

第一の事例は、正元元年五月二十二日である。この日、大覚寺に安置されていた嵯峨天皇が金泥をもって書写した『般若心経』が内裏に奉迎され、人びとに頂戴させるとともに、後嵯峨天皇は嵯峨天皇の宸筆『心経』にならって、『般若心経』を書写されたのであった。

このときのことを比較的詳しく記録するのが『二条大納言資季卿記《すけすえきょうき》』（以下、『資季卿記』と略称す）五月条である。この『資季卿記』五月条を要約すると、以下のようになる。判りやくすくするため、箇条書きにした。なお、〈〉は二行割註のところである。

(あ)五月二十二日、大覚寺に安置されていた嵯峨天皇宸筆《しんぴつ》の金泥《きんでい》『般若心経〈紺の綾《あやぎぬ》に書写する〉』を内裏に奉迎した。

(い)後嵯峨天皇は、嵯峨天皇の宸筆心経にならって、『般若心経』を書写なされた。

(う)この奉迎には、大覚寺の寺僧五・六人が相《あい》たずさえて内裏に奉入した。

(え)人々は結縁して、この嵯峨天皇宸筆の『般若心経』を頂戴した。

(お)この宸筆『般若心経』は、夜になって大覚寺に返納されたという。

(か)この嵯峨天皇宸筆の『般若心経』は、弘仁年間（八一〇～八二四）に疾疫《しつえき》が流行したとき、嵯峨天皇がみずから書写され、弘法大師を導師として供養したものである。極めて効験《こうけん》あらたかな経であり、忽《たちま》ちに病死者が生き返ったという。

ⓚ五月二十七日、後嵯峨天皇が書写された金泥『般若心経』を供養しようとしたが、東寺の僧たちが導師を辞退したため、いまだ供養を遂げられないままであった。

ⓚ東寺一長者前僧正房円《ぼうえん》を重ねて招請したところ、勤仕するとのことで、この日参入した。大臣等も参列して、供養会は密かに執り行われた。

ⓚ□□納言が、被物《かずけもの》を取り、裹物《つつみもの》十五を取った。

ⓚその後、右大臣（右府）が簾《みす》の前に進み、御剣《おんつるぎ》〈赤地の錦袋に入る〉を取り、導師に給わった。

ⓢ後嵯峨天皇が書写された心経は、銀箱〈□箱有り〉に納め腋机《わきづくえ》に置かれていた。□仏供は前机にそなえた。御経ばかりを供養する時は、このようにするのが例であった。

ⓢ供養法は、常の通りであった。古仏の仏供は、白飯ばかりをそなえるのが通例であった。


つぎに、その本文をあげておこう。

【史料2】『二条大納言資季卿記』（『大覚寺文書』上巻、五頁）
正元々年五月廿二日〈乙丑〉。

㋐大覚寺に安置し奉られる所の嵯峨天皇宸筆金泥《しんぴつきんでい》の心経〈紺綾料紙〉を奉迎せらる。㋑御書写有り。㋒寺僧五六の輩《ともがら》〈一人は麗水、一人は経机に居て奉棒す〉相具《あいぐ》して奉入す。㋓人々結縁して、之《これ》を頂戴す。其の後、予《よ》退出す。㋔晩《ばん》に臨んで返納せらる、と云々。㋕此の御経は、弘仁疾疫《しつえき》の時、天皇自ら染筆して御書写せらる。弘法大師、供養導師たり。効験《こうけん》有る経なり。病死者忽《たちま》ちに蘇生《そせい》す、と云々。

廿七日〈庚午〉。時々雨降る。㋖宸筆金泥《しんぴつきんでい》の心経を供養するなり。弘仁の例を追て、御筆を染められると雖《いえど》も、東寺の高僧、面々辞《めんめんじ》し申すの間《かん》、御導師其の仁《じん》無きに依って、今に之《これ》を遂《と》げられず。

㋗一長者前僧正房円に就いて、重ねて□請を蒙る。今日参勤する所なり。午□□導師参入す。右大臣□□、華□□通雅・土御門　新中納言定実等、大多勝院弘御庇にて、蜜《ひそか》に供養す。

㋘□□□納言、被物《かずけもの》を取り織資□□□□奉行、裹物《つつみもの》十五を取る。

㋙其の後、右府、簾《みす》の前に進み、御剣〈赤地の錦袋に入る〉を□《(取)》り、御導師に給う。

㋚御経、銀箱〈□箱有り〉に納め腋机《わきづくえ》に置く。□仏供を前机に備う。御経許《ばかり》を供養するの時は、此《かく》の如し。□□すべきの由、御導師計《ばかり》申す、と云々。

㋛供養法、具には恒《つね》の如し。古仏の仏供は只《ただ》例の如し。白飯許《ばかり》を備う。

㋜二条大納言資季卿記《すけすえきょうき》なり。

㋝時に、寛正二年三月廿六日、□門主様の仰せに依り、宝乗院大僧都実淳所持の本を以て、之《これ》を写し了《おわ》んぬ。　権大僧都祐然

（○記号・傍線筆者）

さいごの㋝の奥書からは、この『資季卿記』は寛正二年（一四六一）三月二十六日、門主様の仰せによって、権大僧都祐然が書写したものであった。手本としたのは、宝乗院大僧都実淳の所持本であった、と記す。

『資季卿記』が書写された寛正二年の三月二十八日、疫病と飢饉によって多数の死者が道にあふれていたため、後花園天皇が『般若心経』を書写し供養したあと、その『心経』は大覚寺に奉納されており、このことに関連して、『資季卿記』の書写が命ぜられたものといえよう（事例5参照）。

ここで、後嵯峨天皇の宸筆『心経』の供養導師をつとめた房円についてみておきたい。房円（一一九〇〜一二八〇）は、皇太后大夫藤原成経の息子で仁和寺真乗院に住し、大納言僧正または真乗院僧正と号した。建保三年（一二一五）十月真乗院覚教から伝法灌頂を受け、貞応二年（一二二三）権律師となり、権少僧都・権大僧都・法印をへて建長五年（一二五三）五月東寺三長者、正嘉二年（一二五八）二月東寺一長者・法務に補せられた。正元元年はその翌年にあた

り、房円は七十一歳であった。

この正元元年五月二十二日、嵯峨天皇の宸筆『般若心経』が宮中に奉迎されたことに関する記録で、注目すべき史料がある。それは、『大覚寺譜』上に収録された「心経旧記」の一節である。その本文をあげてみよう。

【史料3】『大覚寺譜』上所収「心経旧記」（『大覚寺文書』上巻、三七四頁）

心経書写記に云わく。大納言雅言卿記に云わく。
①今日〈正元々年五月廿二日〉大覚寺心経を御所に迎えらる。
②是れ弘仁の疾疫の年、天皇宸筆を以て書写せしめ、弘法大師供養の御経なり。彼の経を礼する人、此の病を受けざるの由《よし》奏聞有るの間、近日万人群参するなり。仍って之を迎えらるるか。
③今日　上皇〈後嵯峨〉彼の聖跡を追って此の経を書写したまう。
④同廿七日、東寺一長者房円僧正を以て供養すべし、と云々。

（○番号・傍線筆者）

この傍線部に、

嵯峨天皇が書写され、弘法大師が供養した『般若心経』を礼拝する人は、疾疫《はやりやまい》に罹患しないと天皇に奏上されたため、またたく間に万をこす人が群れをなして参ったという。だから、嵯峨天皇の宸筆『般若心経』を奉迎したのではなかったか。

とある。ここにいう、「嵯峨天皇の宸筆『般若心経』を礼拝するものは、流行病に罹患しない」とのことばが信じられ、以下に見るような、大覚寺秘蔵の「勅封心経」の天覧と人々の礼拝・頂戴がくりかえされたのであった。

なお、嵯峨天皇の宸筆『般若心経』が天覧に供された約二ヶ月前の三月二十六日、「正嘉《しょうか》三年」から「正元《しょうげん》元年」に改元されていた。『帝王編年記』第二十五には、

正嘉三年三月廿六日改元す。疾疫・飢饉に依るなり。(『国史大系』第十二巻、四一二頁)

とあり、『公卿補任』正嘉三年の条には、

三月廿六日正元と改元す〈疾疫・飢饉に依るなり〉。(『国史大系』第五十四巻、一七五頁)

とあって、この改元は嘉禄元年(一二二五)と同じく、社会不安をもたらした疾疫・飢饉に依るものであったことをしりうる。

【付記2】

嵯峨天皇宸筆の『般若心経』が大覚寺に秘蔵されていたことは、建長六年（一二五四）成立の『古今著聞集《こんちょもんじゅう》』に「其時の御経、かの御記、嵯峨の大覚寺にいまだ有となん」と記されており、十三世紀中ごろにはよく知られていたことであったといえよう。

2、正応二年（一二八九）七月五日

第二の事例は、正応二年七月五日である。亀山天皇（在位期間一二五九～一二七四）から後花園天皇（在位期間一四二八～一四六四）にいたる編年史料である『続史愚抄《ぞくしぐしょう》』によると、伏見天皇はこの日、疫病が流行したため、『般若心経』を書写し祇園社に奉納されたのであった。これに先立ち、この宸筆『般若心経』は、十楽院の前大僧正道玄に供養させたという。

この年、朝廷は疫病の流行に苦慮していたようで、たびたび転読・修法を命じていた。たとえば、四月二十八日、南都七大寺および延暦寺に命じて七日間、十口の僧をして『大般若経』を転読させ、六月九日には二十二社に奉幣使を派遣した。六月二十七日からの七日間、仁和寺性仁親王を宮中に招き、孔雀経法を修せしめた。そうして、七月五日、宮中における孔雀経法の結願の日にあたるとともに、伏見天皇宸筆の『般若心経』が祇園社に奉納されたのであった。

つぎに、その本文をあげてみよう。

【史料4】『続史愚抄《ぞくしぐしょう》』巻八（『国史大系』第十三巻、二二七～二二八頁）

七月五日壬午。今年疫病流布す。因《よ》って主上、宸筆般若心経を祇園社に納めらる。先に前大僧正道玄〈十楽院〉に仰せて供養有りと云う。〈弘仁・正元等の例あり〉（傍線筆者）

［関連記事］

・四月廿八日丁丑。近日病事流布するに依り、今日より七ヶ日、南都七大寺及び延暦寺にて僧十口をして、大般若経を転読せしむの旨、宣下す。

・六月九日丁巳。廿二社に奉幣使を発遣せらる。先に日時・使を定めらる。病事流布に依るなり。〈園太暦〈追康永四九十九〉〉

・六月廿七日乙亥。（宮中に於いて）今日より七ヶ日、孔雀経法を宮中に行ぜらる。阿闍梨入道二品性仁親王〈仁和寺〉なり。天下の病事に依るなり。〈一代要記、園太暦〈追康永四九十九〉仁和附法記〉

・七月五日壬午。宮中の孔雀経法、結願す。〈一代要記、園太暦〈追康永四九十九〉〉

これらの条には、「疫病流布す」「病事流布する」「病事流布」「天下の病事」といった語句がみられることから、伏見天皇が『般若心経』を書写された要因が疫病の大流行にあったことは間違いない。とはいえ、これらの史料には、大覚寺に秘蔵する勅封心経への言及がみられない。このことをいかに解すればよいであろうか。後考を俟つことにしたい。

3、康安元年（一三六一）五月二十八日

第三の事例は、康安元年五月二十八日である。この日、大覚寺秘蔵の嵯峨天皇の宸筆『般若心経』が御所に奉請され、翌二十九日、後光厳《ごこうごん》天皇は紺紙に金泥をもって一字三礼して『般若心経』を書写されたのであった。これは昨年以来、天下に疾疫が大流行したためであったという。

この年の大覚寺安置の『般若心経』の奉請、並びに後光厳天皇の宸筆『般若心経』について詳しく記すのは、『進献記録抄纂《しんけんきろくしょうさん》』と『続史愚抄』とである。

まず、この条で特記すべきことを六つあげておく（文中のⓐ～ⓢは後掲の史料5の本文をさす）。

①康安元年五月二十八日、大覚寺秘蔵の嵯峨天皇の宸筆『般若心経』が御所に奉請せられた(え)。

②翌二十九日、後光厳天皇は奉請された嵯峨天皇の宸筆『心経』を手本として、『般若心経』を書写された。このとき、分明ならざる文字については、弘法大師御筆『心経』を参照して書写された。そのできばえは、嵯峨天皇と弘法大師、この両聖跡を手本として書写した

ため、「字々点々生霊《しょうりょう》有らんや。争《いか》でか彼の蒼《そう》に達せざらんや」といわれるほどであったという（えか）。

③この後光厳天皇の宸筆『般若心経』は、紺紙に金泥をもって一字三礼して書写された。界線は銀泥で引かれていた。表紙も同じく紺色で、外題は金字であった。表紙見返しには、金泥をもって薬師三尊が画かれていた。帙も宸翰であった（う）。

④六月一日、嵯峨天皇の宸筆『般若心経』は大覚寺に返納された（お）。

⑤六月六日、後光厳天皇新写の『般若心経』を供養した。供養がこの日になったのは、表紙作成に日時を要したためであった。供養導師は、東寺長者光済がつとめた。供養のあと、正元・正応の例にならって、祇園社に奉納された（あかき）。

⑥この度の後光厳天皇による『般若心経』の書写は、昨年以来の大疫流行によって、前代未聞の死者がでたためであったという（け）。

『進献記録抄纂』の（こ）以下には、弘仁・正元・正応年間の宸筆『般若心経』の供養について記されている。それらを要約すると、つぎのようになろう。

（こ）弘仁年間の大疫流行に際しては、嵯峨天皇が心を痛められて『般若心経』を書写され、高野大師（空海）に供養させたところ、直ちに流行は収まり、道路に放置されていた死者は生き返った。『般若心経秘鍵』はこのとき書かれたか。また、大覚寺心経堂安置の『心経』

は、このときのものである。

㋚正元の大流行のときは、後嵯峨天皇が弘仁の嵯峨天皇にならって、書写・供養されたという。

㋛正応の流行のときは、伏見天皇が書写・供養された。その供養導師は青蓮院の道玄准后であった。（供養導師を青蓮院道玄が務めたことに関して）弘仁の最初の例にかんがみて、もっぱら東寺の法流で行うべきであろう。だから、今回は東寺長者光済に勤仕させたのである。真言宗の面目として、これ以上のものはない（㋜）。

これらの記録のなかで、特に目をひくのがつぎの三つである。

第一は、後光厳天皇は嵯峨天皇宸筆の『般若心経』を手本として書写されたけれども、分明ならざる文字があった。その分明ならざる文字は「弘法大師御筆の御経を以て、遊び入れら」れたという。これより、一つには弘法大師御筆と称される『般若心経』が伝存していたこと、今一つはこの時点で、嵯峨天皇宸筆の『般若心経』には文字が分明でないところがあったこと、が指摘できる。なかでも後者は、「表紙見返しの薬師三尊が切り取られていた」と記す長享二年（一四八八）の『実隆公記』とともに、注目されるのである。

第二は、嵯峨天皇の宸筆『般若心経』の保管されていたところを、「今、大覚寺心経堂に納めらるる所は是れなり」と記すことである。つまり、この時点で「心経堂」なる建物が存在していたことを知りうるのである。

第三は、『進献記録抄纂』の末尾（せ）に、
正元・正応には、祇園の社壇に納めらる、と云々。委細は、猶《なお》尋ね記すべし。

［現代語訳］

正元・正応の宸筆『般若心経』は、祇園社に奉納されたという。詳細を尋ね、正してほしい。

と記され、祇園社に奉納されたことを訝《いぶか》っていることである。祇園社は天台宗に属すること、正応二年の伏見天皇宸筆『心経』の供養導師を青蓮院の道玄准后がつとめたこととともに、真言宗側から不信感が出されていたとも考えられるのである。そのようなことを感じさせる一文とみなしておきたい。

幸いにもというべきか、この度、供養導師をつとめたのは、醍醐寺三宝院の光済であった。光済は、権大納言日野資明の息子で、醍醐寺座主・東寺一長者を歴任した叔父・賢俊の室に入り、伝法灌頂を受法した。延文二年（一三五七）閏七月、賢俊から醍醐寺座主を譲られ、康安元年（一三六二）には東寺一長者となった。康暦元年（一三七九）閏四月二十二日、五十四歳で寂した。後菩提寺僧正と号したという。

少々長いけれども、つぎに『進献記録抄纂』と『続史愚抄』の本文をあげておく。

【史料5】『進献記録抄纂』（『大日本史料』第六編之二十三、五九七～五九九頁）

□□□□（六月一日）戊（庚カ）辰、晴れ。〈中略〉夜に入り参内す。今日、供養の経文を数紙進め入る。女房多く抑留《よくりゅう》せらる。其の興有り。

六日乙酉。晴れ。㋐宸筆心経、今日供養せられ、祇園社に納めらるべし。㋑拝見し奉るべきの由、昨夕仰せ下さるの間、潔斎を早旦にし参内す。頃《しばらく》して御前に参り、頂戴し披見し奉る。㋒紺紙金泥、表紙も同じ色なり。金泥を以て薬師三尊を画き奉る。銘は金字、同じく宸翰の帙《ちつ》あり。銅面の黄は常の如し。銀泥を以て堺を懸ぐ。普通の経ヨリハ、聊《いささ》か勢い外（ママ）短なり。

㋓大覚寺の心経は、去る月廿八日御奉請有り。同廿九日書写せらる。字分明ならざるの間、弘法大師御筆の御経を以て、遊び入れらる。一字三礼す、と云々。

㋔大覚寺の心経は、去る一日、返納し奉らる、と云々。

㋕新写の御経の表紙、遅引するの間、今日之を供養せらる。両箇の聖跡を以て、妙翰を染めらる。字々点々生霊有らんや。争《いか》でか彼の蒼に達せざらんや。光済僧正供養し奉るべし、と云々。

㋖未《ひつじ》の一点に蔵人式部丞《くろうどしきぶのじょう》藤原範定（奉）行す。御経は、小舎人《しょうとねり》紀重弘に持たしめ、本坊に向かう。御布施は蓮《はすのおりえだ》折枝、水精念珠、之を副え下さる。此の間、御前に祇候《しこう》する者なり。御使蔵人兵部丞知広をして祇候《しこう》す、と云々。

＊㋗の項目、二行略す

㋘抑《そもそ》も去る年已来《いらい》大疫す。先代に未だ聞かざる事なり。五畿七道・帝都郊野、病死するもの断絶せず。一町内で同日に夭亡する輩《ともがら》、或いは四・五人、或いは数人、と云々。既に一郷一里に勝《あ》げて計《かぞ》うべからざるか。諸国、又此《またかく》の如し、と云々。但し公家・武家に然るべき人此れ無き難し。大略は下賤の党《ともがら》なり。

㋙弘仁の大疫の時、嵯峨天皇、民間の死亡を憂いて、心経を書せしめ給い、高野大師をして供養せしむ。病む事忽ちに休む。道路の夭死者《ようししゃ》、皆以て蘇生す。心経秘鍵は此の時に出来たか。今、大覚寺心経堂に納めらるる所は是れなり。

㋚正元の疾疫には、後嵯峨院、弘仁の蹤跡《しょうせき》を模して、宸筆を染められ供養す。導師は、云々。

㋛正応の疫癘《えきれい》には、伏見院、書写供養せしめ給う。今度は、三代の佳例に任せて、叡信を凝らされ、効験疑い無かるべし。正応には、青蓮院道玄准后、供養せらる。㋜然して弘仁の濫觴《らんしょう》は、専ら東寺法流に在るべきか。仍《よ》って一長者光済僧正に就いて勤仕《ごんじ》せらる。宗の眉目、何事か之に如《し》かずや。㋝正元・正応には、祇園の社壇に納めらる、と云々。委細

は、猶《なお》尋ね記すべし。〈下略〉　（○記号・傍線筆者）

【史料6】『続史愚抄』二十五（『国史大系』第十四巻、四三頁）
五月八日戊午。去年より今年に至り疾疫遍満すと云う。〈後愚昧記〉
五月二八日戊寅。大覚寺心経を召さる。〈按ずるに、心経堂に在るか。〉〈一代御記〉
五月二九日己卯。今日、般若心経を宸翰に染めらる。〈一字御三拝。紺紙金字。〉是れ去年已来、天下大疫す。因《よ》って弘仁・正元・正応等の例に拠《よ》らるる所なり。
六月一日庚申。大覚寺心経を返納せらる。〈一代御記、長暦〉
六月六日乙酉。宸筆心経を供養せらる。導師は東寺長者僧正光済なり〈本坊に於いてか〉。次《つ》いで祇園社に納めらる。勅使蔵人式部丞《しきぶじょう》藤原範定、参向す。病事御祈のためなり〈正元・正応等の例あり〉。〈一代御記〉

なお、後光厳天皇による『般若心経』の書写・供養に先立つ三月二十九日、改元がおこなわれ、「延文六年」が「康安元年」と改められた。これは、昨年から今春にいたるまで、疾疫の大流行によって多数の死者がでたので、この災いを鎮めんがためであったという。ここでも、大覚寺秘蔵の嵯峨天皇の宸筆『般若心経』の御所への奉請と改元が、時を同じくして行われたことを記憶しておきたい。

このときの詔書が残っているのであげておこう。

【史料7】『愚管記』所収「康安元年三月廿九日付　改元の詔書」（『大日本史料』第六編之二十三、五三〇頁）

詔《みことのり》す。（中略）而《しか》るに天道変を示し、地妖《ちよう》災《わざわい》を成す。

①加之《しかのみならず》、去る年自《よ》り斯《こ》の春に至るまで、疾疫頻りに流行し、老壮多く夭折《ようせつ》す。何《いかん》が智謀《ちぼう》を運《めぐら》して、此の咎徴《きゅうちょう》を除かん。

②宜しく草岷《そうぼう》の聴《ゆるし》を易《やす》くし、以て木囚《ぼくしゅう》の冤《えん》を解かん。是れ則ち徳を修して禍《わざわい》を却《しりぞ》け、物を与えるは更始《こうし》の義なり。

③其れ延文六年を改めて康安元年と為《な》し、天下に大赦《たいしゃ》す。（以下略、〇番号・傍線筆者）

［付記3］

現在、大覚寺に秘蔵されている後光厳天皇の宸筆『般若心経』は、この年に書写されたものではなく、五年後の貞治五年（一三六六）六月八日に奉納されたものであるという。つぎの第四の事例を参照ください。

4、貞治五年（一三六六）五月十五日

第四の事例は、貞治五年五月十五日である。この日、後光厳天皇は嵯峨天皇の聖跡《せいせき》を追って『般若心経』一巻を書写されたという。

この後光厳天皇が書写された『般若心経』のことを詳細に記すのは、『大覚寺譜』所収の「心経旧記」である。そこで、この「心経旧記」を要約してみたい。

①法界心院殿自筆本の或記によると、

②貞治五年（一三六六）五月十五日、後光厳天皇は、大覚寺に秘蔵されていた嵯峨天皇の宸筆『般若心経』を手本とし、一字三礼して『般若心経』を書写なされた。よって、手本とされた嵯峨天皇の宸筆『般若心経』は、返納された。

③この返納に際して、康安元年（一三六一）の例にならって、武家に頂戴させなさいとの仰せがあり、雙運房《そううんぼう》に長櫃《ながびつ》を持たせ諸大名家を訪ねさせたが辞退され、執事亭において頂戴させた。帰依し尊敬すること極めて丁重であった。

④五月十八日から一七日のあいだ、嵯峨天皇の宸筆『般若心経』を仏母心院内陣の机上に安置し、一万巻の『般若心経』読誦が命ぜられた。この読誦には、内陣の左右に帖《たたみ》を敷き、大覚寺のすべての寺僧が参集した。

⑤聖無動院頼我法印の「供養法表白」に、この『般若心経』一万巻の読誦は勅願であることが述べられていた。
⑥二十日の午刻《うまのこく》（正午）の供養法導師は、覚勝院宣誉法印であった。
⑦二十一日の午刻の供養法導師は、信宴僧都であった。
⑧二十三日の午刻の供養法導師は、成聖僧都であった。この日、教光と忠光の二人の中納言が参仕し、嵯峨天皇の宸筆『般若心経』を頂戴した。また、「正元元年の記録」を忠光に書写させた。後光厳天皇が新たに書写された『般若心経』の供養は、まだ終わっていないけれども、供養を済ませたあと、大覚寺に奉納すべき内意が伝えられた。
⑨二十四日の結願の供養法導師は、聖無動院頼我法印であった。山名入道宗全《（ママ）》並びに子息両三のものが、嵯峨天皇の宸筆『般若心経』を頂戴するために参詣した。
⑩二十八日、後光厳天皇新写の『般若心経』の供養が終わった。その導師は、仁和寺真光院前大僧正成助であり、供養は真光院本坊で行われた。新写の『般若心経』は、六位の知之が真光院に持参したという。
⑪六月六日、明後日、後光厳天皇新写の『般若心経』を大覚寺に奉納する旨、内裏から通達があった。
⑫六月八日、後光厳天皇新写の『般若心経』が大覚寺に奉納された。雙運上人が御長櫃納物

箱などを用意し参内して頂戴し、未刻（午後二時）大覚寺に到着した。新写の『般若心経』は、紺紙に金泥で書写されていた。写経用紙は、嵯峨天皇の宸筆『般若心経』と同じではなかった。絹の上下に蓮華を織ることは、困難を極めたためであったか。二枚で包み、上下を捻《ひね》らないで、柳箱に入れ御手箱に納められていた。花押が書かれた勅書が添えられていた。

ここで、特筆すべきことが三つある。

第一は、今日、大覚寺に秘蔵されている後光厳天皇の宸筆『般若心経』は、このとき奉納されたものであることである。右の記録には、「一字三礼して、紺紙に金泥でもって書写された」とある。なお、大覚寺蔵の「勅封般若心経　後光厳天皇宸翰」には、嵯峨天皇の宸筆『般若心経』に同じく、表紙見返しには金泥で薬師三尊像が画かれているという。しかるに、今日伝存する「心経旧記」には、この薬師三尊像についての言及がないことは、残念である。

第二は、五月十八日からの一七日間、嵯峨天皇の宸筆『般若心経』を奉安して『般若心経』一万巻を読誦した仏母心院は、大覚寺境内の堂塔の一つであり、供養法導師を勤めた聖無動院頼我・覚勝院宣誉は大覚寺の塔頭寺院の僧であったことである。『大覚寺譜』所収の「院家譜」による（『大覚寺文書』上巻、三九〇頁）と、頼我は、

正和三年正月八日阿闍梨、文和三年十二月廿一日権少僧都、応安三年四月十六日権僧正、
康暦元年三月廿二日寂

とあり、宣誉は、

文和三年十二月廿一日権少僧都、嘉慶元年僧正、同年五月十六日月食御祈不現、

とある。

第三は、後光厳天皇新写の『般若心経』の供養導師をつとめたのは、仁和寺真光院の前大僧正成助であったこと、供養は真光院本坊で執り行われたことである。前大僧正成助は、内大臣源通重の三男で、大叔父の前大僧正禅助の弟子となり、二十四歳の元応二年（一三二〇）五月、秘密荘厳院にて禅助から灌頂を受法した。三十一歳の嘉暦二年（一三二七）十二月に東寺四長者となり、元弘二年（一三三二）十二月東寺一長者に任ぜられたが、同四年九月辞任、建武三年（一三三六）九月東寺一長者に再任された。四十歳であった。元徳二年（一三三〇）二月に示寂した禅助のあとをうけて仁和寺真光院に住し、仁和寺別当、伝法院座主などを歴任した。成助が供養導師をつとめた要因は、村上源氏の末裔であったこと、大叔父の禅助が後宇多法皇の灌頂の師であったことなど、皇室との強い絆があったからであろう。

つぎに、「心経旧記」の本文をあげておく。

【史料8】『大覚寺譜』所収「心経旧記」（『大覚寺文書』上巻、三七四〜三七五頁）

①法界身（ママ）院殿の自筆本或記に云わく。

②今日〈貞治五年五月十五日に〉宸筆心経〈一字三礼と云々〉の功終るなり。御本返し渡さるべし。

③此の次《ついで》に先度〈康安の例〉の如く、武家に遣わさるべきの由、仰せ下さること先度の如し。雙運房、長櫃を武家諸大名亭に持ち向かうに、望むらると雖も、堅く辞退せしむ。執事亭に於いて頂戴せしむ。帰敬《ききょう》すること極り無きなり。

④今日〈十八日〉まで七ヶ日一万巻の心経を読誦せられ、御経を仏母心院に渡され、内陣の中、其の間に机を立て御経を安置す。内陣の左右に帖《たたみ》を敷き寺僧悉く参集す。

⑤頼我法印、供養法の表白の詞《ことば》に勅願の趣《おもむき》を述べ了《おわ》んぬ。

⑥廿日午《うまの》刻、心経の供養法は、宣誉法印なり。

⑦廿一日午刻、心経の供養法は（朱）「信宴僧都なり。

⑧廿三日午刻、心経の供養法は」成聖僧都なり。今日、教光・忠光の両黄門参仕し心経を頂戴せしむ。正元の記録を忠光卿に書写せしめ了んぬ。今度、御書写の御経、未だ供養の義を遂げられざる。供養以後、当寺に安置せらるべきの由、内々に之を申さる。子細有るべ

からざるの由、勅答なり。
⑨廿四日午剋、心経の供養法は頼我法印なり。今日結願せしめ了んぬ。七ヶ日一万巻の読誦了んぬ。山名入道〈宗全《（ママ）》〉并びに子息両三の輩、心経を頂戴せんが為に参候し了んぬ。
⑩廿八日、新写の心経、真光院前大僧正〈成助〉、本坊に於いて、今日、供養を遂ぐ、と云々。六位知之、御経を彼の坊に持ち向かうと云々。
⑪六月六日、今日内裏より新写の心経を渡せらるべきの由、之を申さる。明後日、請取らるべきを申し来るなり。
⑫八日、新写の心経、今日之を渡さる。雙運上人内裏に参る。御長櫃納物箱等之を用意する。未の剋、御経到来す。紺紙金泥なり。料紙は本様に非ざるなり。絹の上下に蓮華を織る事、左右無く出来難き故か。二枚裹《つつみ》、上下之を捻《ひね》らず。柳箱に居へ御手箱に納め了んぬ。勅書を製進せらる。〈在判〉

（〇番号・傍線筆者）

さいごに、先に紹介した「心経旧記」には、後光厳天皇がなぜ『般若心経』を書写したのか、書写された動機・目的についての記述はみられなかった。しかるに、この年の春から夏にかけて、人々は疫病の流行と飢饉に大層苦しめられていたようである。『続史愚抄』二十六、貞治五年の条には、

【史料9】『続史愚抄』二十六（『国史大系』第十四巻、六三頁）

・三月一日癸未。今春、疫病流行す。爰《ここ》に鹿頭所々に在り。又《また》目鼻無き鹿頭、六条殿〈神木御在所〉の庭に見ゆと云う〈榊葉記良基公〉。

・六月今月。飢饉及び疫癘流行す〈大乗院年代記〉

と見える。これより、この飢饉と疫癘《えきれい》の災禍を攘《はら》わんがための書写であったと考えておきたい。

5、寛正二年（一四六一）三月二十八日

第五の事例は、寛正二年三月二十八日である。『続史愚抄』によると、この年の三月、後花園天皇は、疫病と飢饉によって多数の死者が道に溢れているため、一字三礼して『般若心経』を書写され、三月二十八日、准后前大僧正義賢に供養させた。また、室町幕府は四条五条橋において、五山の僧徒をして施餓鬼を修せしめた、とある。

一方、明和二年（一七六五）十月二十七日、大覚寺前大僧正寛深が記した『心経戊戌《ぼじゅつの》年及《および》臨時御開封勘考』（『大覚寺文書』〈『大日本史料』第八編之二十二、三八〇～三八一頁〉）には、

一紺紙銀字心経

後花園院宸筆　一字三礼

寛正二年五月日

右二巻納萌黄地錦袋、同恩賜也、（傍線筆者）

とあって、寛正二年五月日、後花園天皇は紺紙に銀字で書写した『般若心経』を大覚寺に奉納したと記す。

ここにみられる「五月日」は、いかなる日付であろうか。先には、大覚寺に奉納された日とみなしたが、確証はない。『史料綜覧』寛正二年五月の条には、

・十六日、幕府、相国寺僧を召して、大般若心経を読誦せしむ。

・十九日、幕府、定法寺尊勝院の僧を召して、五壇法を修す。

・二十一日、青蓮院尊応をして、七仏薬師法を禁中に修せしめらる。

とあって、天皇は七仏薬師法を、幕府は五壇法をあいついで修せしめていた。これらより、後花園天皇の宸筆『般若心経』は、五月に書写されたと考えられなくもない。

しかるに、臨済宗の禅僧太極《たいぎょく》の日記『碧山日録《へきざんにちろく》』寛正二年三月五日の条には、客が語った話として、嵯峨天皇が弘法大師に「飢饉による多数の死者を救うにはどうすればよいか」とお尋ねになったという逸話が収録されている。

以上の『碧山日録』と『続史愚抄』とにもとづいて、後花園天皇の宸筆『般若心経』は、寛

正二年三月、一字三礼して書写され、同月二十八日、前大僧正義賢によって供養され、その後大覚寺に奉納された、とみなしておきたい。

ここで、後掲の『碧山日録《へきざんにちろく》』を要約しておく。

寛正二年三月五日、来客がつぎのように語った。

①弘法大師は嵯峨天皇の御世《みよ》の人である。ある年、大飢饉に見舞われ、道路には無数の死者がみられた。

②そこで、嵯峨天皇は大師に勅《みことのり》して、大飢饉に苦しむ民を救うにはどうすればよいか、をお尋ねになられた。

③大師は、以下のようにお応えになられた。

人々の前生は業報をもって知るところであります。陛下は勅《みことのり》を諸国に下し、すべての民衆に『般若心経』一巻を書写させ、これによって各自の宿業を償《つぐな》えば、天皇ご自身が書写なさらなくてもよい。民衆に書写させた『心経』をすべて都に届けさせなさい。それを、私が供養・慶讃すれば、この災いは止《や》むでありましょう、と。

④天皇は、大師のことばに従った。

⑤天皇は、諸国に勅して、すべての民衆に『般若心経』一巻を書写させた。大師は、それら

の『心経』を仏前に集め、民衆のために懺悔《ざんげ》した。これより、飢饉と疫病は日をおって収まった。

⑥西山大覚寺に庫《くら》を建て、それらの『般若心経』を納めた。その『心経』はいまも有る、ということだ。（傍線筆者）

さいごに、根本史料である『続史愚抄』と『碧山日録』との本文をあげておく。

【史料10】『続史愚抄《ぞくしぐしょう》』三十八（『国史大系』第十四巻、四三八頁）

三月廿八日己巳。天下の疫饑《えっき》、人を相食《あいは》む。骸骨《がいこつ》衢《ちまた》に充《み》つ。因《よ》って主上、般若心経を宸翰に染められ〈一字毎《ごと》に御三礼〉、供養せらる〈三宝院に於いてか〉。導師は准后前大僧正義賢〈或いは尊賢と作る。謬《あやまり》なり〉。又《また》武家より五山僧徒をして、施餓鬼を四条五条橋に修せしむ〈春夏の間の疫饑なり〉。〈歴代最要、武家年代記、本朝通鑑、年代略記、如是院年代〈万余人云〉〉（傍線筆者）

【史料11】『碧山日録』（『弘法大師伝記集覧』三九五～三九六頁）

寛正二年三月五日丙午。客の曰わく。

①弘法大師は嵯峨皇帝の世に出でて、一年大いに飢える。諸路に死する者無数なり。
②帝《みかど》勅《みことのり》して民を救う所以《ゆえ》を空に問う。
③空の曰く、是れ人々の前生は業報を以て感ずる所なり。陛下、勅《みことのり》を諸路に下し、群民を俾《し》て各《おのおの》般若心経一本を書し、以て宿業を償《つぐな》えば、自《みずか》ら書するあたわず。人をして之を書せしめ、悉《ことごと》く之を城中に達せよ。余《よ》、為《ため》に慶讃すれば、此の災い乃《すなわ》ち止む、と云う。
④帝《みかど》、之に従う。
⑤諸州《しょこく》其《そ》の言《げん》の如くす。師、経を仏前に聚《あつ》め、群民の為《ため》に懺悔《ざんげ》す。是《こ》れより飢疫《きえき》日に随って熄《や》む。
⑥西山大覚寺に於いて庫《くら》を置き、以《もっ》て此の経を蔵《おさ》む。見《げん》に今之《いまこれ》有り、と云う。
(○番号・傍線筆者)

後花園天皇の宸筆『心経』の供養導師をつとめたのは、准后前大僧正義賢であった。室町幕府の第四代将軍義持の猶子であった義賢は、東寺長者・醍醐座主を歴任した満済の室に入り、三十五歳の永享五年(一四三三)醍醐寺座主(七十五代)・大僧正となり、嘉吉年間(一四四一~四四)に東寺長者(百四十七代)に補せられ、輦車・牛車の宣旨を賜るなど、若くして重席についていた。応仁二年（一四六八）閏十月二日薨じた。七十歳であった。後遍智院准后と号した。

ところで、臨済宗の禅僧であった太極は、なぜ、嵯峨天皇が命じて書写させ、空海に供養させた『般若心経』について記録したのであろうか。一つには、疫病と飢饉によって多数の死者が道に溢れていたために、後花園天皇が五山僧徒に施餓鬼を命じたことが発端であり、いま一つは後花園天皇みずから『般若心経』を書写されたことが評判になっていたからではなかったかと考える。

6、文明三年（一四七一）閏八月八日

第六の事例は、文明三年閏八月八日である。公卿で学者でもあった清原（船橋）宗賢の日記『宗賢卿記《むねかたきょうき》』によると、大覚寺心経堂に安置されていた嵯峨天皇宸筆の『般若心経』を、上京区安楽小路にあった安楽光院（現在の光照院の地）に運んで勅封を解き、多くの人に頂戴させた。流行する赤疹を攘《はら》わんがためであった、とある。

この年八月十六日、麻疹《ましん》（＝はしか）、赤痢《せきり》、疱瘡《ほうそう》などが大流行するなか、将軍義政《よしまさ》、夫人日野富子らが罹患《りかん》した。そこで、大和七大寺に命じて祈攘《きじょう》させた、と『経覚私要鈔』にある。

『宗賢卿記』には、八月二十五日、将軍義政が行っていた、赤疹を攘《はら》わんがための一行三礼の

『般若心経』の書写が終わった。供養しないまま日吉社《ひえしゃ》に奉納した。これは、青蓮院門主尊応の指示によるものであった、という。

そうして、閏八月八日、大覚寺心経堂に安置されていた嵯峨天皇の宸筆『般若心経』が安楽光院に運ばれ、勅封を解いて多くの人に頂戴させたのであった。この嵯峨天皇の宸筆『般若心経』が納められていた箱には、三巻の『般若心経』が納められていたという。すなわち、

①一巻は、嵯峨天皇の宸筆『般若心経』で、弘法大師が開眼供養したものであった。

②一巻は、後光厳天皇の宸筆『般若心経』であった。

③一巻は、後花園天皇の宸筆『般若心経』で、醍醐三宝院の義賢准后が開眼供養したものであった。

④これらを納めた箱には、「般若心経箱　大覚寺」〈この八字、貝のなかに書く〉の銘があった。

とある。これら嵯峨天皇等の「勅封心経」は閏八月二十二日、大覚寺に返納された。

ここで、『宗賢卿記』文明三年八月二十五日・同年閏八月八日の条の本文をあげておく。

【史料12】『宗賢卿記』乙（『大日本史料』第八編之四、七三四〜七三五頁）

八月廿五日。今月十日の比《ころ》か。室町殿（義政）一行三礼して心経を書写せしめ給う。是れ

世間に赤疹流布するの御祈なり。御書写の功畢《おわ》んぬ。供養に及ばず日吉社〈大宮〉に奉納せらる、と云々。元三大師に納めらるべきの由思食《おぼしめさる》の処、青蓮院門主(尊応)意見を申さること此の如し、と云々。

閏八月八日。今日より安楽光院に於いて心経〈嵯峨心経堂の経、大覚寺門跡、之を出《いだ》さる。嵯峨天皇の勅筆、と云々〉を開かしむ。赤疹流布するの間、諸人に之を頂戴せしめんが為に此の沙汰に及ぶなり〈七ヶ日と云々〉。勅命に依り之を開かしむ。

後日之を聞く。此の箱の中、心経三巻之を納めらる〈一巻は嵯峨天皇の勅筆〈弘法大師開眼供養す〉。一巻は後光厳院の勅筆。一巻は後花園院の勅筆〈三宝院准后僧正義賢開眼供養す〉。箱の銘は此の如し。般若心経箱　大覚寺〈以上の八字、貝を以て之を入れ畢《おわん》ぬ〉。

廿二日。嵯峨心経、今日之を納めらる、と云々。

(傍線筆者)

7、長享二年(一四八八)七月十二日

第七の事例は、長享二年七月十二日である。この日、黒漆の箱に納められた三巻の宸筆『般若心経』が大覚寺から御所に進上され、天皇をはじめ、親王たちほか多くの人たちが、拝見・頂戴したという。

このとき、「勅封心経」が大覚寺から御所に進上され、天覧に供された経緯を詳細に記した史料が二つ伝存する。一つは、公卿であった三条西実隆の日記『実隆公記《さねたかこうき》』であり、あと一つは拝見・頂戴の役をつとめた甘露寺親長《ちかなが》の日記『親長卿記』である（『大日本史料』第八編之二十二、三七七〜三七九頁）。

それはさておき、このときの天覧において、きわめて注目すべきことが二つあった。

第一は、三巻の宸筆『般若心経』の装幀が詳しく記されていることである。すなわち、『実隆公記』に、つぎのように記されていた。

一つは、嵯峨天皇の宸筆『般若心経』。綾の絹に書写され、表紙の見返しには檀林皇后＝橘嘉智子《かちこ》筆の薬師三尊が画かれていた。軸は金（金メッキが施されていた）であった。

一つは、後光厳天皇の宸筆『般若心経』。紺紙に金泥で書写され、表紙見返しには同じく薬師三尊が画かれていた。軸も同じで、金（金メッキが施されていた）であった。

一つは、後花園天皇の宸筆『般若心経』。紺紙に金泥で書写され、表紙見返しには同じく薬師三尊が画かれていた。軸は、水精《すいしょう》であった。

この三巻を納入する箱の銘は、「般若心経　大覚寺」〈貝のなかに書く〉であった。

特筆すべき第二は、嵯峨天皇の宸筆心経の見返しに画かれていた薬師三尊についての記述である。すなわち、その大半の姿形は消滅してしまっていた。伝え聞くところによると、中古に人々がこの薬師三尊を切りとり、洗って呑んだため、消滅してしまった。

と、実隆が記していることである。つまり、薬・護符として、薬師三尊を切りとり、水にひたして呑んでしまったため、そのお姿の大半がなくなっていたという。

ここで想起されるのが、第三の事例である康安元年（一三六一）六月六日の記録（『進献記録抄纂』）にあった「分明ならざる文字については、弘法大師御筆『般若心経』を参照して書写した」である。この「分明ならざる文字」は、なぜ出来《しゅったい》したのであったか。この『実隆公記』の記述から、文字が削り取られていたためではなかったか、と推察しておく。

また、この「洗って呑む」で、思い起こされるのが弘法大師の生涯を絵巻物にした『高野大師行状図画』の二つの場面である。一つは、第五巻第四場面の「宇治河船」。宇治川の渡し船に大師が書いた「船」の文字を削って呑むと、諸病はことごとく癒えた。文字は、削っても削っても減ることはなかった、とある。

もう一つは、第六巻第七場面の「天地合字」。播磨国で出会った老婆の家の柱に大師が書きつけた「天地合」の三字を削り洗って呑むと、すべての病は癒えた。この文字は柱に深く染みこんでいて、削っても削っても消えることはなかった、という。

ともあれ、表紙見返しの薬師三尊が切り取られていた嵯峨天皇の宸筆『般若心経』には、

「写経したあと、弘法大師を導師として供養したところ、忽《たちま》ちに病死者が生き返った、きわめて霊験あらたかな経である」との伝承があったといい、『般若心経』そのものの功徳とともに、弘法大師に対する信仰が相まって、「洗って呑む」ことが行われたのではなかったかと考えておく。

それはさておき、この長享二年の「勅封心経」の拝見・頂戴は、悪疫流行によるものであったことは間違いない。

ここで、『実隆公記』長享二年七月十二日条の本文をあげておく。

【史料13】『実隆公記』（『大日本史料』第八編之二十二、三七九頁）

七月□（十）二日。甲戌。□早朝、召しに依り参内す。嵯峨天皇の宸筆心経、大覚寺自《よ》り召され［　］□□（拝見）するなり。各《おのおの》に之を頂戴せしむ。按察卿（甘露寺親長）之を請《う》け取る。広［　］居き、拝見する者なり。其の後、諸人之を拝見す。

［　］〈［　］綾、紺紙を以て裏を打つ。表紙の懐《ふところ》に薬師三尊を書く。［　］是れ則ち檀林皇后の御筆なり、と云々。但し大略《おおよそ》其の形を消滅す。［　］伝え聞く。中古に諸人之を洗い之を呑むと。［　］滅す。仍《すなわ》ち此《かく》の如し、と云々。軸は金なり。滅金《めっき》な

り。〉

後光厳院の宸筆〈紺紙金泥［　　］紙面、蓮花□□□（唐草歟）裏は薬師三尊なり。軸は上に同じ。〉。

後花園院の宸筆〈料紙の様以下、上に同じ。軸は水精なり。〉

以上の三巻は、筥に納む。〈箱の銘は、般若心経大覚寺。此の如し。貝を以て之を入れる。毎度、勅封するなり、と云々。今日、勅封を申す所なり。〉事了《おわ》って各《おのおの》退出す。

（傍線筆者）

一方、『親長卿記』には、長享二年七月十二日、大覚寺から宮中に運ばれた「勅封心経」がどのような人たちに頂戴されたかが、具体的に記されている。前々日からの動向を追ってみよう。

七月十日。親長に「嵯峨の心経頂戴有るべし」との仰せがあり、あわせてこの日、陰陽頭《おんみょうのかみ》土御門《つちみかど》有宗に頂戴する日時を占わせた結果、十二日と決定した。翌十一日、「大覚寺の心経を、明日の昼巳前に進上すべし」との仰せが大覚寺准后性深にくだされた。

十二日。①午《うま》の刻、頂戴の勾当《こうとう》を命ぜられた親長第《ちかながてい》に大覚寺から「宸筆般若心経」三巻が届けられた。一本は嵯峨天皇宸筆の一字三礼の『心経』で、表紙見返しには檀林皇后筆の薬師三尊があり、弘法大師が供養したもの。一本は後光厳天皇宸筆の一字三礼の『心経』で、供養は三宝院であった。一本は後花園天皇宸筆の一字三礼の『心経』で、供養は三宝院義賢僧正であった。この三本の「宸筆般若心経」は、黒漆の筥に納められ、宝幢院法印実尊が持ち来たった。まず、親長第の男女に頂戴させた。

②つぎに、正親町宿所《おおぎまちしゅくしょ》で装束を改めたが、ここでも男女に頂戴させた。

③そのあと、親長は捧持して参内《さんだい》し、広蓋《ひろぶた》に納めて議定所《ぎていしょ》に運び、鎰《かぎ》を親長が開け、天皇に御頂戴いただいた。女中たちも同じく頂戴した。近臣たちは議定所の弘縁にて頂戴した。

④親王たちは参内しなかったので、親長が勝仁親王の御所に持参し、二宮《にのみや》尊敦親王・勧修寺常信法親王・妙法院覚胤法親王たちに頂戴いただいた。また、出仕していない上﨟の女中には、局《つぼね》に持参して頂戴させた。

⑤民部卿白川忠富にも、持参して頂戴させた。

⑥ついで、伏見殿に持参し、伏見殿の女中たちに頂戴させた（伏見殿は天皇の御前に祗候《しこう》していた）。ついで、番衆所《ばんしゅうしょ》にて番衆たちに頂戴させた。

⑦その後、勅封を副えて大覚寺に返させたという。

ここで、原文をあげておく。

【史料14】『親長卿記』長亨二年七月十二日条（『大日本史料』第八編之二十二、三七八頁）

十二日。晴れ。早旦《そうたん》書状を長橋局に進む。今日、心経、予《よ》祗候《しこう》すべきか。又《また》参仕に及ばずと雖も、苦しからざるか。若し祗候せしめば、未《いま》だ除服《じょぶく》を申さず。（中略）去る九日、日付の由《よし》申し了《おわ》んぬ。

①午《うま》の尅許《こくばかり》、大覚寺自《よ》り心経を送らる。〈一本は嵯峨天皇の一字三礼なり。表紙の内は薬師三尊、檀林皇后の宸筆なり、と云々。弘法大師供養す。一本は後光厳院の一字三礼なり。三宝院供養す。一本は後花園院の一字三礼なり。三宝院義賢僧正供養す。〉黒の漆筥に納む。御使〈宝幢院法印〉持ち来る。先ず各《おのおの》男女に頂戴せしむ。

②次に正親町《おおぎまち》宿所に於いて、装束を改め著すべし。彼の所にて御付有るべき由《よし》申す。仍《よ》って予《よ》罷り向かう。又《また》件の筥を申し請け男女頂戴し了んぬ。祝著《しゅうちゃく》し了んぬ。

③次に参内す。予、広蓋に納めて持参す〈議定所に於いて御頂戴あり〉。出御さる〈予、鎰《かぎ》を取り之を開け了んぬ〉。女中等同じく頂戴す。近臣等、議定所弘縁に於いて頂戴す。

④親王の御方はこの度は御歓楽流布するの後、未《いま》だ御参無し。仍《よ》って、予《よ》親王の御方に持参す。二宮（常信法親王）・勧修寺新門跡・妙法院新門主（覚胤）等、此の所に於いて御頂戴あり。歓楽に依り出仕無きの女中〈上臈〉等、予《よ》局に持ち向かう。頂戴有り。

⑤民部卿忠富（白川）、歓楽するの間、陵遅《りょうち》為《す》と雖も、予《よ》持ち向かいて頂戴せしめ了んぬ。

⑥次に伏見殿に進む〈伏見殿ハ御前に御祗候なり。其の外の女中頂戴有るべしと云々〉。次に番衆所に於いて下姿番衆等頂戴す。次に勅封を申すべしと云々。

⑦即ち勅封を相副えて御使をして返し遣し了んぬ。

（○番号・傍線筆者）

この長享二年七月の「勅封心経」の頂戴は、悪疫流行によるものであった。『後法興院政家記』には、伝聞によると、都・地方を問わず、痢病・疫疾が大流行し、また牛馬の類が多く死んだが、希代のことであったといい（六月三十日条）、七月十二日条には、このところの病気による死者はその数を知らず、今月始めには天皇が御不予となり、勝仁親王・尊敦親王も御不例となったという。

そのほか、七月七日には親長の娘真盛尼が亡くなるなど、この前後に多くの公卿たちも病に罹《かか》っていた。二十四日には、親長の申請によって四ヶ大寺に御祈が命ぜられ、二十六日には「病のことにより改元有るべしとの沙汰有り」と記されているが、どうしたわけか、この年に改元された形跡はみられない。

【史料15】『後法興院政家記』（『大日本史料』第八編之二十二、四一〇～四一一頁）

六月卅日。（中略）都鄙《とひ》の間、病気以外に興盛す、と云々。或いは痢病、或いは疫疾なり。

又牛馬の類多く死す、と云々。希代の事なり。（下略）
七月十二日。（中略）病気、近日猶《なお》興盛す。死者其の数を知らず、と云々。今月始めの比《ころ》、主上御不予なり。又宮の御方同じく御不例なり。
七月廿六日。（中略）病の事に就きて改元有るべきの由、沙汰有り、と云々。今日自《よ》り一七ヶ日、裁定所に於いて病の事の御祈の事、吉田二位に仰せ付けらる、と云々。
（傍線筆者）

8、延徳四年（一四九二）五月九日

第八の事例は、延徳四年五月九日である。この日、疾疫流行によって病死する者が多く出たため、大覚寺から嵯峨天皇宸筆の『般若心経』を御所に召し寄せて、礼拝・頂戴させたのであった。

宮中の御湯殿上《おゆどののうえ》の間に詰めていた女官らが書き継いだ日記である『御湯殿上日記《おゆどののうえのにっき》』延徳四年五月九日の条には、

さかのしんきやう世のさはかしさにつきて。大かく寺へおほせられてめしよせらるゝ。
（嵯峨の心経世の騒がしさにつきて、大覚寺へ仰せられて召し寄せらるる。）

とあるから、嵯峨天皇が書写された宸筆『般若心経』等を大覚寺に命じて御所に召し寄せられたものと思われる。

しかるに、近衛政家《まさいえ》の日記『後法興院《ごほうこういん》政家記』には、

【史料16】『後法興院記』（『増補　続史料大成』第七巻、一二一頁）

五月十日〈己卯〉暁に雨来たり下る。申《さる》の刻《とき》終止す。早旦参内せしむ。月次の和漢御会なり。幽勻《ゆうきん》。惣べて並びに沙汰申すあり。御会、酉《とり》の刻以前に終了す。仰せに依り議定所に於いて僮僕《どうぼく》、未見にて来たる間、小御所の御庭にて拝見せしむ。大師御筆の心経を頂戴せしむ。病の事に就き召し寄せらる、と云々。御会以前の事なり。

（傍線筆者）


とあって、頂戴したのは弘法大師筆の『般若心経』であったと記すところが、『御湯殿上日記』と相違する。この政家の日記の記述は、嵯峨天皇の宸筆『般若心経』を大師が供養したことを、書写したことと誤認したのではないかと想われる。

ともあれ、この年五月九日・十日に、大覚寺から『般若心経』を御所に召し寄せ、礼拝・頂戴させたことは間違いないであろう。

この礼拝・頂戴は、多数の病死する者が出たためであった。このことをうけて、五月十九日

には改元がおこなわれ、「延徳四年」を「明徳元年」と改めた。つぎに、この改元のことを明記する史料をあげておく。

【史料17】『後法興院記』延徳四年五月二十日の条（『増補　続史料大成』第七巻、二八～二九頁）
廿日〈己丑〉晴れ。風呂有り。鷹司前関白〈父子〉来たる。汁の事有り。次に冷泉前亜細相、同黄門、中山黄門、園宰相等来る。風呂の以後、一盞《いっせん》の事有り。
伝え聞く。去夜、改元の事あり。延徳四年を改めて明徳元年と為す、と云々。兼日自《よ》り内々に相定めらるの間、難陳に及ばず、と云々。（六行略す）
近日、猶《なお》病死するもの興盛なり、と云々。此の儀に依り改元するなり。（傍線筆者）

この項のさいごに、『御湯殿上日記』延徳四年五月九日の条を要約しておきたい。
①嵯峨天皇の宸筆『心経』を、疫病の流行によって世の中が騒がしいので、大覚寺に仰せて宮中に召し寄せられた。しゅせを添えて宮中に届けられた。長櫃に入れられていた。
②記帳所へは机の上に広蓋の箱に入れて届けられた。御勅封を解いて御帳台《みちょうだい》の上におかれた。
③皇后をはじめ皇子たちの住まいすべてに持参して頂戴させた。

④内密に外《そと》の方たちにも頂戴させた。当番でない控えの役人たち、当番の役人たちにも頂戴させた。
⑤大しょう寺殿である第一皇女にも、ついでに拝見させた。真にめでたいことである。
⑥皇子たちのところでは、子供たちにも頂戴させたが押せ押せの状態であった。
この原文はつぎの通りである。原文のあとに、女房詞を漢字におきかえた「翻字」を、参考までに併記した。

【史料18】『御湯殿上日記』（『続群書類従』補遺三、お湯殿の上の日記（二）、二六一～二六二頁）
延徳四年五月九日。
①さかのしんきやう世のさはかしさにつきて。大かく寺へおほせられてめしよせらるゝ。しゆせをそへてまいらせらるゝ。なかひつ入。
②きちやう所へつくゑにひろふたに入てまいる。御ふう御ときありて御ちやうたいあり。
③宮の御かたはしめて御所御所のこらす御まいりにて御いたゝきあり。
④ないない。とさまのおとこたちにも。いたゝかせらるゝ。御そへはんの人にも。はんの物《(ママ)》ともにもいたゝかせらるゝ。
⑤大しやう寺殿女一の宮へ御つゐてに御けんさんあり。めてたし。

⑥御所御所御こつけともめされて御ひしひしなり。はくよりさかひて二色まいる。

（○番号・傍線筆者）

〔翻字〕

①嵯峨の心経世の騒がしさにつきて、大覚寺へ仰せられて召し寄せらるる。しゅせを添えて参らせらるる。長櫃に入れ、

②記帳所へ机に広蓋に入れて参る。御封御解きありて御帳台あり。

③宮の御方はじめて御所御所残らず御参りにて御頂きあり。

④内々、外様の男達にも、頂かせらるる。御副番の人にも、番の者どもにも頂かせらるる。

⑤大しょう寺殿女一宮へ御ついでに御見参あり。めでたし。

⑥御所御所御子づけ共召されて御ひしひしなり。はくよりさかひて二色まいる。

9、天文三年（一五三四）五月中旬

第九の事例は、天文三年五月中旬である。このとき、後奈良天皇は悪疫流行のため、弘仁の往時を偲《しの》んで、紺紙に金泥をもって『般若心経』を書写されたのであった。

このことを、天皇みずからが書写された『般若心経』巻末に付された願文に、

頃者《けいしゃ》疾疫流行し、民庶憂患《みんしょゆうかん》す。（中略）因《よ》って弘仁明時《めいじ》の遺塵《いじん》を追って、般若心経の妙典写し奉《たてまつ》る。（中略）

時に天文第三暦仲夏中旬の候なり。（傍線筆者）

と記しておられる。

右にあげた文章は、後奈良天皇の宸筆『般若心経』にみられる願文であるから、間違いないと思われるけれども、日付のことがじゃっかん気になる。なぜなら、『御湯殿上日記』天文三年六月十九日の条に、

後奈良天皇は紺紙に金泥をもって『般若心経』を書写なさり、大覚寺に奉納された。また、大覚寺に秘蔵されてきた代々の天皇の宸筆『般若心経』を、覚勝院と大勝院が宮中に捧持し天覧に供した。

と記されているからである。

この六月十九日は、いかなる日付であったのか。三通りの解釈ができそうである。一つは後奈良天皇が『般若心経』を書写された日、二つ目は後奈良天皇の宸筆『般若心経』が大覚寺に奉納された日、三つ目は代々の宸筆『般若心経』が宮中に運ばれ天覧に供された日、となる。

とはいえ、後奈良天皇の宸筆『般若心経』の願文に書かれている文章は、天皇ご自身のことばであるため、尊重すべきであろう。そこで、

・五月中旬、後奈良天皇は紺紙に金泥でもって『般若心経』一巻を書写され、その後、供養を済ませたあと大覚寺に奉納された。
・六月十九日、大覚寺心経堂に秘蔵されていた「勅封心経」は、覚勝院と大勝院によって宮中に運ばれ、天覧に供された。

とみなしておきたい。

日付の問題が解決したので、根本史料の内容をいま一度みておきたい。

はじめに、後奈良天皇の宸筆『般若心経』の願文を要約しておく。

①このころ悪疫が流行し、わが民衆の憂いは甚だしい。
②これは、私の不徳のいたすところであり、寝ても覚めてもこのことが気になり、心穏やかでない。
③よって、弘仁の往時を偲んで、『般若心経』の妙典を書写した。
④願わくは、天はわが真心のねんごろなことを感じとり、わが民衆の憂い・多難を解放し（もとの平穏な日々を）よみがえらせてほしい。
⑤この写経の利益が、この宇宙に存在する一切衆生に平等に行き渡りますように。

この願文の原文は、つぎの通りである。

【史料19】「後奈良天皇　宸翰般若心経」（『嵯峨御所　大覚寺の名宝』五三頁）

①頃者《けいしゃ》疾疫《しつえき》流行し、民庶《みんしょ》憂患《ゆうかん》す。

②朕《ちん》不徳を顧《かえり》みて、寤寐《ごび》に無聊《ぶりょう》ならん。

③因《よ》って弘仁明時《めいじ》の遺塵《いじん》を追って、般若心経の妙典を写し奉《たてまつ》る。

④仰ぎ願わくは、天丹誠《てんたんせい》の懇篤《こんとく》を感じ、国蒼生《くにそうせい》の多難を蘇《よみがえ》らんことを。

⑤乃至《ないし》法界《ほうかい》を平等に利益せん。

時に天文《てんぶん》第三暦仲夏中旬の候なり

（○番号・傍線筆者）

この後奈良天皇の宸筆『般若心経』は、いまも「勅封心経」の一つとして、大覚寺に秘蔵されている。

つぎに、『御湯殿上日記』天文三年六月十九日条の本文と、女房詞を漢字におきかえた「翻字」をあげてみたい。

【史料20】『御湯殿上日記』（『続群書類従』補遺三　お湯殿の上の日記（四）、一一三頁）

十九日。こんしこんていのしんきやうあそはされて。大かく寺へこめらるゝ。御代御代の御きやう。かくせうゐん。大せうゐんもちてまいりて。けさんに入らるゝ。つゐてにかくせうゐん御かち申さるゝ。ひき十てう。くわんにうのちやわんの御かうろたふ。しうちやくのよし申。

［翻字］

紺紙金泥の心経遊ばされて、大覚寺へ籠めらるる。御代御代の御経、覚勝院、大勝院持ちて参りて、見参に入らるる。ついでに覚勝院御加持申さるる。疋十帖。貫乳の茶碗の御香炉等、執着の由申す。

なお、この後奈良天皇による『般若心経』の書写は、この年の春から夏にかけて疫病の大流行があり、数えきれないほどの病死者がでたためであった。その一端を、『公卿補任』天文三年の条は、

春夏に疫病流布す。病死する輩《ともがら》其の数を知らず。五月廿九日、諸寺諸社に仰せて御祈之有り。

と記録している（『国史大系』第五十五巻、三八六頁）。

10、天文九年（一五四〇）六月十七日

第十の事例は、天文九年六月十七日である。このとき、後奈良天皇は疾疫流行のため、金字でもって『般若心経』を書写され、醍醐三宝院の義堯をして供養させ、その上に不動小法を修せしめ、疫病の終息を祈られた。

醍醐寺の歴代座主の記録である『五八代記』「義堯」の条には、

【史料21】『五八代記』（『醍醐寺文化財研究所研究紀要』第四号、七三頁）

天文九年六月十七日、天下の疫の為《ため》に、般若心経に宸筆〈後奈良院〉を下さる。導師、之を勤めらる。彼の経の御奥書に云わく。

今茲《いまここ》に天下大疫し、万民多く死亡を阽《あやぶ》む。朕《ちん》民の父母為《た》るも、徳覆うこと能はず。甚だ自から痛み、窃《ひそか》に般若心経一巻を金字で写す。義堯僧正をして之を供養す。庶幾《こいねがわく》ば、虖《ああ》疾病の妙薬為《た》らん。

時に天文九年六月十七日

と、宸筆『心経』の奥書、すなわち願文が引用されている。

これを要約してみよう。

天文九年六月十七日、日本国中に疫病が大流行していたため、後奈良天皇はみずから『般若心経』を書写なされた。その供養導師を醍醐寺座主の義堯が勤めた。天皇の宸筆『般若心経』の奥書には、つぎのように記されていた。

今まさに日本国中に疫病が大流行しており、多くの死者がでることが気がかりであった。わたくしは日本国民の父母であるにもかかわらず、その徳をもって疫病を消除することができない。そのことに心を痛め、秘かに金字でもって『般若心経』一巻を書写し、醍醐寺座主義堯僧正に命じて供養した。願わくば、この『心経』書写の功徳によって、疫病が終息いたしますように。

また、『公卿補任』天文九年の条には、

天下大疫す。六月十七日、清涼殿に於いて小御修法有り。阿闍梨は三宝院義堯僧正なり。伴僧八口。廿二日結願す。不動供なり。（傍線筆者）

とあり（『国史大系』第五十五巻、四〇〇〜四〇一頁）、『御湯殿上日記』天文九年六月十七日の条にも、

十七日。けふより三ほうゐん殿御しゆほうはしめらるゝ。

［翻字］今日より、三宝院殿御修法始めらるる。

とある（『続群書類従』補遺三　お湯殿の上の日記（四）、三四六頁）。

以上より、天文九年六月十七日、後奈良天皇が悪疫退散のために、新たに金泥をもって『般若心経』を書写されたことは間違いないといえよう。

この天文九年六月、後奈良天皇が書写された『般若心経』について、新たに二つのことを知ることができた。

第一は、天文九年六月十七日の後奈良天皇宸筆の『般若心経』は、醍醐寺のほか、京都曼殊院と愛知県西尾市の岩瀬文庫にも所蔵されていることである（小田論考、毎日新聞）。岩瀬文庫所蔵の『般若心経』については、今上天皇のおことばのなかに、

平成28年に愛知県の西尾市を訪問した折に岩瀬文庫で拝見した戦国時代の後奈良天皇の宸翰般若心経は、洪水など天候不順による飢饉や疫病の流行で苦しむ人々の姿に心を痛められた天皇自らが写経され、諸国の神社や寺に奉納されたものの一つでした。

とあった。

第二は、曼殊院所蔵の『般若心経』は、同院所蔵の醍醐寺報恩院源雅の書状によると、後奈良天皇の御願による六十六国諸社寺奉納心経の一つで、安房国へ奉納されるべき『般若心経』であったが、戦乱のため届けられることなく、同院に奉納されたものである、という。また、

同院に伝存する「心経国々配分注文」には、河内伊勢など二十四ヶ国が記されているとのことである（小田論考）。

これらからは、疫病の大流行によって多くの死者が出、日々の生活に困窮する人たちの姿に、後奈良天皇がいかにお心を痛めておられたかが彷彿とされるのである。

それとともに、六十六国の諸社寺奉納となると、書写にかかる時間と経費も莫大なものとなったであろう。このように考えると、この写経にかける後奈良天皇の並々ならぬ意気込み、困窮する人々に寄り添おうとされる思いいかばかりであったかが偲ばれるのである。

〔参考文献〕
・小田慈舟「勅封心経について」『密宗学報』第一四一号、九五頁。
・『毎日新聞』令和四年二月二十三日号所収「天皇陛下六二歳　誕生日記者会見（主な内容）」。

11、永禄四年（一五六一）九月日

第十一の事例は、永禄四年九月日である。この永禄四年は辛酉《かのととり》の歳であり、辛酉は暦法では変乱の多い年に当たるという。正親町《おおぎまち》天皇は、国内に兵乱が起り、万民が憂いをこうむるといった災いを未然に防がんがために、金泥をもって『般若心経』を書写され、玉の軸にして大覚寺経蔵に奉納された。

このとき、正親町天皇が書写された『般若心経』の巻末に付された願文には、書写するにいたった経緯が記されている。最初に、その願文を要約しておきたい。

①今年は辛酉《かのととり》で革命《かくめい》の年、すなわち変乱の多い年に当たる。

②にもかかわらず、代々の天皇が行ってきた改元の議を決することもできず、慚愧《ざんき》に堪えない。

③このままでは、国内に兵乱が起こり、万民が憂いをこうむるかもしれない。

④だから、災いを未然に防ぎ、万民に幸せを与えるために、金泥をもって『般若心経』を書写し、玉の軸にして経蔵に納めることにした。

⑤このことをもって、ひたすら万民の幸せを仏神に祈り、この功徳を日本国中に届けたい。

これが私の願いである。

永禄四年九月日

この願文には、注目すべきことがある。それは②のところで、

代々の天皇が行ってきた改元の議を決することもできず、慚愧《ざんき》に堪えない。

といい、万民が苦しみ憂うべき事象が出来したとき、歴代の天皇は、『般若心経』の書写とともに、気分を一新するために、元号を改めてきたけれども、私はそのことができず「恥じい

る」と申されていることである。要約したところの原文は、
当《まさ》に未《いま》だ之《これ》を決せず。元号議に攸《よ》り行うこと無し。頗《すこぶ》る先代の芳躅《ほうたく》に違う。朕《ちん》恥じるの時なり。

であった。

この章の「はじめに」で、「嵯峨天皇の宸筆『般若心経』が秘蔵されていた嵯峨大覚寺から御所に持ち出されるときには、必ずといってよいほど改元の記録がみられる」と記したが、歴代の天皇が『般若心経』を書写されるとき、並びに嵯峨天皇の宸筆『般若心経』が天覧・頂戴されるときの特色の一つが、この改元のことであった。

ところで、この正親町天皇の宸筆『般若心経』には、「永禄四年九月日」なる日付がみられる。この日付は、いかなる日付とみなせばよいのであろうか。この願文だけでは、明確にすることはできない。

このことを考えるうえで参考になるのが『御湯殿上日記』である。まず、『同書』永禄四年九月二十日の条には、

正親町天皇は『般若心経』を書写なされ、三条西公条《きんえだ》を使いとして、表紙見返しの泥絵のことをいつもの通り、土佐刑部大輔《ぎょうぶのだいふ》光茂《みつもち》に仰せられた。刑部大輔は「畏れ多いことであ

る」と申した。

とあり、九月二十二日の条には、

土佐絵所より、『般若心経』の表紙見返しの泥絵ができたとの知らせがあった。

とある。そうして、同年十月十八日の条には、

正親町天皇は、大覚寺に秘蔵されていた嵯峨天皇の宸筆『般若心経』を三条西公条に持たせて御所に運び、叡覧なされた。このとき、嵯峨天皇の宸筆『般若心経』だけでなく、歴代天皇の宸筆『般若心経』も一緒に運ばせ、御覧になられた。やがて「勅封」を付して返納された。

とある。

この流れからすると、願文に記された「永禄四年九月日」は、書写された日付と考えられる。九月二十日に、表紙見返しを画かせるため、三条西公条《きんえだ》に持たせて絵師・土佐刑部大輔《ぎょうぶのだいふ》光茂《みつもち》のもとに運ばせており、『般若心経』の書写は遅くとも同月十九日には終わっていたであろう。九月二十二日、表紙見返しの泥絵は仕上がったとあった。今日、大覚寺に秘蔵されている正親町天皇の宸筆『心経』の表紙には、金銀泥で蓮池文様が、見返しには同じく金銀泥で蓮弁が画かれているといわれる（『大覚寺の名宝』五四頁）。これより、この表紙および見返しの金銀泥の絵は、絵所預《えどころあずかり》であった刑部大輔《ぎょうぶのだいふ》土佐光茂の筆になるものとみなしてよい。

このあと、軸を付けるなど宸筆『般若心経』としての装幀が施され、大覚寺に納経される運びとなるわけであるが、その具体的な日時は残念ながら不明である。ちなみに、願文には「玉の軸」にしたと記す。

書写が終わってから約一ヶ月後の十月十八日、正親町天皇は、大覚寺に秘蔵されていた嵯峨天皇の宸筆『般若心経』をはじめとする「勅封心経」を三条西公条に持たせて御所に運ばせ、ご覧になられた。ほどなくして、これらの『般若心経』は、「勅封」を付して大覚寺に返納された。

以上より、正親町天皇の宸翰『心経』が大覚寺へ納経された時期は、あるいは嵯峨天皇をはじめとする歴代天皇の「勅封心経」の返納と同じ日であったとも考えられる。詳細は、後考を待つことにしたい。

ここで、正親町天皇の宸翰『般若心経』の巻末に付された願文の本文をあげておく。

【史料22】「正親町天皇　宸翰心経」（『嵯峨御所　大覚寺の名宝』五四頁）
①今茲《ここ》に辛酉《かのととり》は革命《かくめい》（の年）なり。
②当《まさ》に未《いま》だ之《これ》を決せず。元号《げんごう》議に仗《よ》り行うこと無し。頗《すこぶ》る先代の芳躅《ほうたく》に違う。朕《ちん》恥じるの時

なり。
③四国に乱起こり、万民憂いを罹《こうむ》る。
④因《よ》って災《わざわ》いを攘《はら》い楽を与えんが為《ため》に、金泥を彫《ちりば》めて心経を書し、玉をもって軸を飾り経蔵に納む。
⑤偏に仏神に祈り、普く遐邇《かじ》に施さん、而巳《まくのみ》。

永禄四年九月日

（○番号筆者）

さいごに、『御湯殿上日記』永禄四年九月二十日・二十二日の条と同年十月十八日の条の原文、並びに仮名書きを漢字に置きかえた「翻字」をあげておこう。

【史料23】『御湯殿上日記』（『続群書類従』補遺三　お湯殿の上の日記（六）、一九五・一九九頁）

・九月廿日。（中略）心きやうあそはして。せうみやうゐんへつかはさる丶。御へうしのうへのていゑ（泥絵）いつものことくなかはしよりとさのきやうふの大ゆふにおほせらる丶。かしこまりたるよし申。

［翻字］

心経遊ばして、称名院へ遣わさるる。御表紙の上の泥絵いつもの如く中橋より土佐刑部大輔に仰せらるる。畏まりたる由申す。
・九月廿二日。とさ所より御あふき。しんきやうの御へうしのていゑいてきて。（以下略）
［翻字］
土佐所より御あふき。心経の御表紙の泥絵出で来て。
・十月十八日。（中略）さかのてんわうの御しんきやうせうみやう院ちさんにて。御らんせらるゝ。代々のしんきやうもまいらせ候。やかてちよくふうつけらるゝ。（傍線筆者）
［翻字］
嵯峨天皇の御心経称名院持参にて。御覧せらるる。代々の心経も参らせ候。やがて勅封つけらるる。

小結

以上、鎌倉時代の正元元年（一二五九）以降、悪疫・飢饉が大流行し多数の死者が出るなど社会不安を招く事象が出来《しゅったい》したとき、代々の天皇は大覚寺に勅封されていた嵯峨天皇の宸筆『般若心経』を御所に運ばせて、礼拝・頂戴したのであった。ここには、正元元年から永禄四年（一五六一）にいたる十一例を、同時代の史料にもとづいて詳述した。

ではなぜ、嵯峨天皇の宸筆『般若心経』を頂戴することは、三百年あまりにわたって行われ

てきたのであろうか。それは、『般若心経秘鍵』巻末に付された上表文に、

①弘仁九年（八一八）の春、悪疫が大流行し病死者が路に溢れる有様に宸襟を悩ませられた嵯峨天皇は、紺紙に金泥をもって『般若心経』を書写され、

②この『心経』を弘法大師に命じて講讃・供養したところ、

③結願をまつことなく、ただちに病死者が生き返った。

と記されていたことから、この霊験にあやかろうとしたのではなかったか、と考える。『秘鍵』巻末の上表文そのものは、空海作ではなく、十二世紀前半に偽作されたものであったけれども、そこに記されていたこと、特に「『般若心経』を供養したところ、即座に病死者が生き返ったこと」は堅く信じられ、嵯峨天皇の宸筆『般若心経』は疾疫退散に霊験あらたかな聖なる経典として、信仰の対象にまで昇華していったのであった。

そうして、その霊験にあやかりたいとの想いが高じて、嵯峨天皇の宸筆『般若心経』の経文をはじめ、表紙見返しに画かれていた檀林皇后・橘嘉智子筆と称される薬師三尊像までが切り取られ、水に浸して飲むことが行われたと考えられる。

それとともに、歴代の天皇は、嵯峨天皇と同様、悪疫・飢饉などに苦しむ人々のために、嵯峨天皇の宸筆『般若心経』にならって、みずから紺紙に金泥をもって『般若心経』を書写なされ、大覚寺に奉納された。今日、大覚寺心経殿には「勅封心経」と称される六軸の宸筆『般若

心経』が秘蔵されている。それらをいま一度整理すると、表三のようになる。

表三、大覚寺に秘蔵される勅封心経一覧

番号	天皇名	料紙	墨色	装丁など	書写年次
1	嵯峨天皇宸翰心経	紺絹	金泥	表紙見返し・檀林皇后筆薬師三尊	弘仁九年（八一八）春
2	後光厳天皇宸翰心経	紺紙	金泥	表紙・宝草華唐草文、見返し・薬師三尊	貞治五年（一三六六）五月一五日
3	後花園天皇宸翰心経	紺紙	銀泥	表紙・宝草華唐草文、見返し・薬師三尊	寛正二年（一四六一）三月五日
4	後奈良天皇宸翰心経	紺紙	金泥	表紙見返し・蓮弁	天文三年（一五三四）五月中旬
5	正親町天皇宸翰心経	紺紙	金泥	表紙・蓮池文様、見返し・蓮弁	永禄四年（一五六一）九月日
6	光格天皇宸翰心経	紺紙	金泥		文化一三年（一八一六）一二月三日

これら大覚寺心経堂に秘蔵されてきた「勅封心経」にかんして銘記すべきことは、歴代の天皇が『般若心経』を書写するとともに、元号を改める「改元」を行ったことであった。今回、詳述した十一例のうち、改元が行われたか否かを整理すると、つぎの通りである。

1　正元元年（一二五九）五月二十二日天覧　正嘉三年三月二十六日改元　→正元元年
3　康安元年（一三六一）五月二十八日天覧　延文六年三月二十九日改元　→康安元年
8　延徳四年（一四九二）五月九日天覧　延徳四年七月十九日改元　→明応元年
10　永禄四年（一五六一）九月日天覧　改元できないことを慚愧す

さいごに、大覚寺心経堂に秘蔵されてきた「勅封心経」について、特記すべきことが二つある。

一つは、悪疫の流行や大飢饉などが出来して苦悩し困窮をきわめる民衆に対して、歴代の天皇がいかに御心を痛められ、民衆に寄り添おうとなされたかである。

今一つは、うち続く天変地異と戦乱に苦しめられていた、わが国中世の人たちに対して、生きる勇気と希望・光りを与えてきたことである。

特に、新型コロナウィルスの感染拡大に苦しめられ心身ともに疲弊する今日、われわれは、嵯峨天皇の宸筆『般若心経』が果たしてきた役割と意義をいま一度思い起こし、記憶にとどめておきたいものである。

二、嵯峨天皇宸筆『般若心経』の天覧・頂戴の記録（二）――江戸後期の事例

大覚寺に勅封されていた嵯峨天皇の宸筆『般若心経』を御所に運ばせ天覧・頂戴された記録の第一として、中世に行われた十一の事例を一瞥した。これらの天覧・頂戴の理由・目的は、悪疫・飢饉などが大流行し多数の死者が出るなど社会不安を招く事象の出現であった。しかるに、江戸時代になると、悪疫・飢饉など社会不安を招く事象ではなく、天皇・東宮・中宮・親王・准后といった天皇家に属する個人の御不例、すなわち病気に際して天覧・頂戴が行われていく。

江戸時代に行われた「勅封心経」の開封、つまり天覧・頂戴を知りうる史料に、大覚寺蔵の『心経御開封略記』（以下、『御開封略記』と称す）がある。この『御開封略記』の記録にもとづいて開封の歴史を整理すると、表四のようになる（表二の江戸時代だけの再録である）。

表四、大覚寺秘蔵の勅封『般若心経』が天覧に供された記録（江戸時代）

番号	年・月・日	摘要	出典
12	明和二年（一七六五）一〇月二七日	親王・准后・伏見宮御違例	御開封略記
13	明和九年（一七七二）八月二六日	?	御開封略記
14	明和一一年（一七七四）六月四日	中宮御不例カ	御開封略記
15	文化一〇年（一八一三）春	仙洞（後桜町院）御不例	御開封略記
16	文化一〇年（一八一三）一二月一〇日	中宮御不例	御開封略記
17	文化一一年（一八一四）六月四日	中宮御不例カ	御開封略記
18	文化一三年（一八一六）一二月三日	東宮御不例、**光格天皇心経を書写す**	御開封略記、勅封心経
19	文政二年（一八一九）三月一八日	高貴宮様御不例（御疫症）	御開封略記
20	文政四年（一八二一）二月六日	高貴宮（瑠璃光院）御不例	御開封略記
21	文政六年（一八二三）四月一日	准后（新皇嘉門院）御妊懐御不例	御開封略記
22	文政一〇年（一八二七）一月四日	円台院宮御違例（瘧症）	御開封略記
23	文政一一年（一八二八）九月一日	内大臣（近衛）御違例（疫症）	御開封略記

24	文政一三年（一八三〇）一二月三日	東宮御不例カ	御開封略記
25	天保一〇年（一八三九）	光格天皇御違例（御中気）	御開封略記
26	弘化三年（一八四六）六月一五日	女院（新清和院）御違例	御開封略記
27	弘化四年（一八四七）七月二二日	学心院御違例	御開封略記
28	嘉永七年（一八五四）二月二五日	？	御開封略記

先にも記したように、これら江戸時代の事例は、開封・天覧の理由・目的が中世の事例とは異なり、天皇・東宮・中宮・親王・准后といった天皇家に属する個人の御不例、すなわち病気に際してのものであった。したがって、今上陛下が語られた疫疾・天変地異などによる災厄を攘わんがための開封と相違するため、これ以上の言及は差し控えることにしたい。

とはいえ、大覚寺には、江戸時代後期の光格天皇（在位一七七九～一八一七）の宸筆『般若心経』が、「勅封心経」の一つとして秘蔵されている。そこで、時代は降るけれども、「勅封心経」の一つである光格天皇の宸筆『般若心経』についてみておきたい。

18、文化十三年（一八一六）十二月三日

この光格天皇の宸筆『般若心経』には、奥書が見あたらない。したがって、いつ、いかなる目的で書写されたか、などは、皆目わからない。この光格天皇の宸筆『心経』に言及した論考が二つある。その一つ、『嵯峨御所　大覚寺の名宝』には、

光格天皇（一七七一〜一八四〇、在位一七七九〜一八一七）が書写して奉安された般若心経。奥書などがなく詳細を知り得ないが、即位後の天明年間（一七八一〜八九）には世にいう天明の大飢饉や天明の大火などによって国土荒廃、世情不安の最中であった。このような状況の中で、先帝の例に倣い、国土民衆の攘災と平安を祈って書写されたと推察する。三重の界線の中に紙に金泥で全体十八行の経文が書写されている。

と記す（『同書』五五頁）。

いま一つは、小田慈舟「勅封心経について」である（『密宗学報』第一四一号、九六〜九七頁）。小田師は、文化十一年（一八一四）六月四日、「勅封心経」の開封とともに、光格天皇が書写されたとみなされた。その説を要約してみよう。

①文化十一年六月四日、歴代の「勅封心経」を開封するよう勅命があり、亮深大覚寺門跡は嵯峨天皇ほか四帝の宸筆心経を辛櫃に納めて宮中学問所へ持参した。
②天皇が天覧されたあと、別殿にて中宮も拝見された。
③このときの『般若心経』の供養・祈祷の理由は、記録が見当たらないので、正確なことはわからないが、歴代の天皇が書写されたときと同様であったと推察する。（○番号筆者）

この小田説は、大覚寺に保存する「詳細書き留めたる記録」にもとづいて記したという。ここにいう記録とは、大覚寺蔵『御開封略記』であろう。はたして、この「文化十一年六月四日」の書写は、妥当な説といえるのであろうか。

私は、光格天皇の『般若心経』の書写は、皇太子恵仁の病気平癒を祈って、「勅封心経」が開封された文化十三年（一八一六）十二月三日に際してのものであった、と見なしておきたい。大覚寺蔵『御開封略記』には、先掲の表四にあげたように、十二番目の明和二年（一七六五）十月二十七日から二十八番目の嘉永七年（一八五四）二月二十五日にいたる十七の事例を見いだすことができた。

この十七の事例のなか、光格天皇の在位中であった一七八〇年から一八一七年にかけて、「勅封心経」が開封されたのは、

15　文化十年（一八一三）春　　仙洞（後桜町院）御不例
16　文化十年（一八一三）十二月十日　　中宮御不例
17　文化十一年（一八一四）六月四日　　中宮御不例カ
18　文化十三年（一八一六）十二月三日　　東宮御不例　御疫症

の四回であった。これらの開封をみて特筆すべきことは、いずれも「御不例」すなわち先々帝（後桜町院）・皇太子（東宮）・中宮など個人の病気によるものであって、開封のことは「内々に

お願いしたい」といった語句がみられ、秘密裡におこなわれたともいいうるものであったことである。この四回には、残念ながら、天皇みずからが『心経』を書写されたとの記述は見当たらない。

では、この四回のうち、いずれのときに書写されたとみなせばよいであろうか。光格天皇が一番心を痛められたのはいつであったか、を推察するに、私は皇太子恵仁が御不例になったとき、つまり文化十三年(一八一六)十二月ではなかったかと考える。皇太子恵仁は、光格天皇の四男で、文化十年(一八一三)十歳のとき世継ぎの皇子となった。御不例の記録がのこる同十三年は、恵仁の十七歳のときであった。

ここで、『御開封略記』にもとづいて、文化十三年十一月二十四日から翌月四日にかけての皇太子恵仁の御不例と、それにともなう「勅封心経」の開封の次第をみておきたい。このときの記録には、「東宮御不例　御疫症　　御奇瑞」と標題があり、「文化十三年十一月廿四日」の記事からはじまる。まず、その冒頭に記された「小奉書」をあげてみよう。ここには、皇太子の御不例を重大なこととみなすとともに、一七日間の祈祷が命ぜられている。

【史料24】『御開封略記』(二十三丁裏)

儲皇者国家之基本也　　　儲皇《ちょこう》は国家の基本なり。

頃日有風熱之御恙依
仏陀之冥助良剤得
其験速可令復常給
従明廿五日一七日之間
凝丹精可令祈請給之
旨被
仰下事

頃日《けいじつ》風熱の御恙《おんうれい》有り。
仏陀の冥助良剤たるに依り、
其の験を得て、速かに常に復さしめ給うべし。
明廿五日従《よ》り一七日の間
丹精を凝らし祈請せしめ給うべきの
旨、仰せ下さるの事あり。

この「小奉書」の趣旨は、つぎの通りである。
皇太子が健康でいることは、国家にとってもっとも重要なことである。
しかるに、このころ風熱によって苦しんでおられる。
仏陀の助力という良薬により、
その効験を得て、速やかに本復させていただきたい。
ついては、明日二十五日から一七日のあいだ
誠心誠意、ご祈祷に励んでいただきたい、とのご意向であった。
よって、ここに仰せ下すのである。

つぎに、十一月二十四日以降のできごとを整理しておこう。

十一月二十四日　先の奉書のとおり、春宮御不例によって御祈が命ぜられた。その御祈は翌二十五日から一七日間であった。

同　二十五日　正午に沐浴して息災護摩供を開白した。探賢房が神供を勤めた。大覚寺の諸堂と五社明神などに、この日から不断の灯明をともした。中宮の両局に、内々に春宮のご機嫌をうかがった。来月四日に巻数を献ずる旨、御祈奉行から報告があった。

同　二十六日　午前五時に沐浴し、入堂して御加持を行った。午前八時に日中の修法を勤めた。また、本日より一七日間、御影堂にて正午に薬師供を修すべきことを覚勝院に命じた。この日、心経（これが光格天皇宸筆の心経カ）を御影堂に安置し、薬師供を開白した。

同　二十七日　午後四時に初夜を修し加持を行った。中宮の両局から「ご機嫌は麗しい」との返書があった。円台院宮へも春宮のご容体をうかがった。三時の御祈とお加持、並びに覚勝院に命じた薬師供は、昨日と同様に行った。

同　二十八日　午前五時に沐浴し、三時の御祈と薬師供は、同じく修した。本日は、修法の中日に当たるので、大師に御膳を献じ、五所明神にも献じた。大師への法楽は宝幢院が勤めた。神供は探賢房が勤めた。

同　二十九日　午前五時からの沐浴、三時の御祈、薬師供は常の通り。この日、母宮様から御書あり。春宮のご容体、二十八日は余程わるかったけれども、本日はやや宜しいという。

十二月　一日　午前五時からの三時の御祈、薬師供は常の通り。午前六時、天皇へ急ぎの手紙をもって、内々に「勅封心経」開封のことを申しあげたところ、お返事に時宜を得たこと、左大臣をもって命ぜようとあった。

午後八時、左大臣から御書をもって皇太子に「勅封心経」開封のご沙汰を仰いだところ、ご満足にて三日にお願いするとのことであった。よって、左大臣のところまで坊官に運ばせることになった。

覚勝院へは、薬師供を二座繰り上げて、明日の正午までに結願するよう要請した。

同　二日　午前五時からの三時の御祈は常の通り。民部卿が早朝から近衛家に参上し、「勅封心経」開封のことをお尋ねした。

覚勝院に命じていた薬師供は、午前八時に結願した。

正午に、「勅封心経」を唐櫃長持に入れ、里坊へ送りだした。天皇・左大臣から御書があり、皇太子のご容体は先日と変わりないとのことであった。

同　三日　息災護摩供は午前四時に入堂し、午前八時に結願した。結願にあたり、五所明神に法楽を捧げ、神供を修した。宝幢院が勤めた。結願にあたって、覚勝院・宝幢院・探賢房・智光房などへ布施物を賜った。

明け方、天皇と春宮へ差し上げる御祈の巻数を、奏者所へ進献した。この役は民部卿が勤めた。巻数は里坊に差し出すと。午後四時ころ、在京の民部卿から書状が届き、「勅封心経」を長橋奏者所に運びいれた。このときの御口状はつぎの通り。

「東宮様御恙ニ付、御什宝　勅封之心経御上リ之儀、左府様江御伝達ニ付、則御上被遊候」と。

唐櫃の鍵は文箱に入れ、御封したまま奏者番である今小路織部へ渡した。長持は里坊へ持ち帰った。

右は、民部卿が広橋家に行き、申したところである。

同　四日　長橋奏者所から天皇と東宮の御所へ巻数と心経の御守が進献された。使いは民部卿であった。
東宮から御書があり、容体は昨夜から大変宜しい。真に有難きことである、
と云ってきた。

「東宮御不例」の記録は、ここまでである。つづきの記録がないことは、東宮の病気はまもなく平復したものと見なしておきたい。右にあげた記録には、光格天皇宸筆の『般若心経』についての明確な記述はみられなかった。とはいえ、十一月二十六日、薬師法を修すため、御影堂に安置された心経が光格天皇宸筆の『心経』であったかもしれない。

なお、光格天皇は、上皇であった天保十年（一八三九）、上皇ご自身の御違例（御中気）に際して、「勅封心経」が開封されたとみなされる記録がある。『御開封略記』には、つぎのように記されている。

【史料25】『御開封略記』（四十六丁裏）

（朱）「○院《光格天皇》御所　御違例《御中気》ニ付　心経被召候而　御拝　其侭越年
被留置　崩御之後被返下之一条　宮御方万端

御取計之事ニ而　瑜伽定院ハとくと不記憶、仍而記ヲ
もとす」

これを要約してみよう。

光格上皇は、中気のため、大覚寺に秘蔵されていた「勅封心経」を召されて頂戴なされた。そのまま年を越されたので、「勅封心経」は上皇のもとに留め置かれていた。ご崩御のあと、大覚寺にご返納された。このことは、宮中の方で万端取りはかられたのであったが、瑜伽定院は詳しくは記憶していない。そのために、記録しておく。

簡略な記録でしかないけれども、本文の「院御所」に「光格天皇」と傍註があり、文中に「崩御の後、返し下さるの一条」とあるので、この開封は光格上皇が崩御される前年のことと推察し、天保十年であったと考える。

このことをはじめ、光格天皇はその在位中に四回、退位後に七回の合計十一回にわたって、大覚寺に秘蔵されていた「勅封心経」の天覧・開封にかかわっておられたことがしられる。よって、光格天皇が嵯峨天皇をはじめとする歴代天皇の宸筆『般若心経』に、殊のほか愛着を持っておられたことは間違いない。

その一齣として、文化十三年十一月から翌月にかけての皇太子御不例に際して、光格天皇は

紺紙に金泥をもって『般若心経』を書写し、大覚寺に奉納された、と推察しておく。

おわりに

嵯峨天皇が疫病の大流行に心を痛められ、みずから紺紙に金泥をもって『般若心経』を書写されたことは、鎌倉時代以降、堅く信じられてきた。そうして、大覚寺心経堂に秘蔵されていた嵯峨天皇宸筆の『般若心経』は、悪疫の大流行や大飢饉に際して御所に運ばれ、天覧に供されるとともに、多くの人たちにも披露・頂戴されてきた。また、歴代の天皇は、嵯峨天皇の聖蹟にあやかって、みずから紺紙に金泥をもって『般若心経』を書写されたのであった。今日、大覚寺には、嵯峨天皇宸筆の『般若心経』と歴代天皇の宸筆『般若心経』五本が秘蔵され、一括して「勅封心経」と称されてきた

これら「勅封心経」が天覧に供された記録の初出は、正元元年（一二五九）五月二十二日であった。それ以後、江戸末期の嘉永七年（一八五四）二月二十五日にいたるまで、二十八の事例を見いだすことができた。とはいえ、この二十八の事例は、江戸時代以前と以後とでは、「勅封心経」の開封・天覧された目的・理由が大きく異なっていた。

すなわち、江戸時代以前の十一例は、悪疫の流行や大飢饉といった社会不安をまねく事象が

出来したときに、その災厄を攘うために開封し天覧に供されたのであった。これに対して、明和二年（一七六五）十月以降の十七例は、天皇・上皇・皇太子・中宮・親王・准后といった天皇家に属する個人の御不例、つまり病気に際して開封されたのであった。

本書では、嵯峨天皇の宸筆『般若心経』の伝承に鑑みて、疫病の大流行や大飢饉に際して開封・天覧に供された江戸時代以前の十一の事例と、「勅封心経」の一本として大覚寺に秘蔵される光格天皇宸筆の『般若心経』について、関連する史料にもとづいて比較的詳しく論じてみた。

さいごに、大覚寺心経堂に秘蔵される「勅封心経」が果たしてきた役割と意義について、二つのことを指摘しておきたい。第一は、悪疫の流行や大飢饉などが出来して苦悩し困窮をきわめる民衆に対して、歴代の天皇がいかに御心を痛められ、民衆に寄り添おうとなされたかの痕跡が、六本の「勅封心経」と中世の十一回にわたる開封・天覧であったことである。

第二は、うち続く天変地異と戦乱に苦しめられていた、わが国中世の人たちに対して、生きる勇気と希望・光りを与えてきたのが「勅封心経」であり、特に嵯峨天皇宸筆の『般若心経』は、護符・薬として水に浸して呑まれていたことである。

補遺

つぎに、「勅封心経」に関連する補遺として、三つのことを記しておきたい。三つとは、つぎの通りである。

（一）「定時・恒例の開封」と「臨時の開封」

（二）『勅筆心経開封目録』の検討

（三）歴代天皇の「封紙花押」について

1、「定時・恒例の開封」と「臨時の開封」

本文では、悪疫や飢饉が大流行したとき、心を痛められた歴代の天皇は、それらの災厄を取り除かんがために、みずから紺紙に金泥をもって『般若心経』を書写され、供養ののち大覚寺に奉納された「勅封心経」をはじめとする十二の事例を紹介した。

しかるに、大覚寺第三十五世門跡であった空性親王筆の『勅封心経開封目録』には、勅封された歴代の宸筆『般若心経』は六十年に一度、「戊戌《つちのえいぬ》」の歳に封を解きご供養されたとして、十四度の開封の年次と天皇の名を記録している。

この「戊戌」は、嵯峨天皇が金泥でもって『般若心経』を書写されたと伝えられてきた弘仁九年が、「戊戌」であったことに由来するという。この十四度の「戊戌」の開封は、「定時・恒例の開封」と称されてきた。この「定時・恒例の開封」に対して、悪疫や大飢饉などの災厄が出来したとき、大覚寺から御所に運ばれ、天皇をはじめ多くの人たちが礼拝・頂戴したときの開封を、「臨時の開封」と称して区別してきたという（小田慈舟「勅封心経について」）。

本章の（一）「中世の事例」で紹介した十一の事例は、すべて悪疫や大飢饉などの災厄が出来したときの「勅封心経」の開封、並びに歴代の天皇による『般若心経』の書写であり、すべて「臨時の開封」であった。時代が降って江戸中期から末期になると、悪疫や大飢饉などではなく、天皇・上皇・皇太子・中宮・親王・准后などの「御不例」「御違例」、すなわち病気に際して「勅封心経」が開封され供養・頂戴されたが、これらもすべて「臨時の開封」であった。

2、『勅筆心経開封目録』の検討

ここで、大覚寺第三十五世門跡であった空性親王の筆になる『勅筆心経開封目録』を一瞥しておきたい。

はじめに、この『開封目録』の全文をあげることにしよう（西暦年は筆者が補った）。

【史料26】空性親王筆『勅筆心経開封目録』（『嵯峨御所　大覚寺の名宝』五七頁）

嵯峨大覚寺心経堂　勅筆心経之

次第　六十一年メ

弘仁九年（八一八）	戊戌	嵯峨天皇
元慶二年（八七八）	同同	陽成
天慶元年（九三八）	同同	朱雀
長徳四年（九九八）	同同	一条
康平元年（一〇五八）	同同	後冷泉
元永元年（一一一八）	同同	鳥羽
治承二年（一一七八）	同同	高倉
暦仁元年（一二三八）	同同	後堀川
永仁六年（一二九八）	同同	伏見
延文三年（一三五八）	同同	後光厳院
応永廿五年（一四一八）	同同	称光院
文明十年（一四七八）	同同	後土御門
天文七年（一五三八）	同同	奈良

慶長三年（一五九八）　同同　後陽成院

この目録によると、あたかも、六十年目ごとに開封されてきたかのように記されているけれども、はたしてこの通りに、開封されたとみなしてよいのであろうか。疑わしい点はないのであろうか。私は、これらのすべてを信じることはできないと考える。それは、つぎのことを勘案すべきである、と考えるからである。

勘案すべきことの第一は、嵯峨天皇宸筆の『般若心経』が霊験あらたかな聖なる経典として信仰の対象となり、疫病や飢饉が大流行したとき、御所に運ばれて天覧に供され、多くの人たちに礼拝・頂戴されるようになったのは、正元元年（一二五九）からであったことである。第二は、この霊験あらたかな経典とみなされるようになった発端は、『般若心経秘鍵』巻末に添えられた「上表文」であり、この「上表文」の成立は十二世紀前半と考えられることである。

この二つを念頭におくと、元慶二年（八七八）・天慶元年（九三八）・長徳四年（九九八）・康平元年（一〇五八）・元永元年（一一一八）・治承二年（一一七八）・暦仁元年（一二三八）の七回の開封は、一度疑った方がよいといえよう。一方、永仁六年（一二九八）以降の開封も、関連する史料を精査して確認すべきであると考える。この作業は、後日を期すことにしたい。

3、歴代天皇の「封紙花押」について

もう一つ、「勅封心経」が開封された年次を知る手がかりとなる史料が伝存する。それは、大覚寺に所蔵される歴代天皇の「封紙花押」である。すなわち、開封したあと、大覚寺心経堂に返納するにあたって、勅封したときの封紙に書かれた花押である。小田慈舟師は、八枚の「封紙花押」を紹介している（小田「勅封心経について」九〇頁）。それらを一覧表にしたのが、表五である。

表五、大覚寺蔵「封紙花押」一覧

番号	天皇名・枚数	勅封の日付
1	称光天皇御封	応永三十年（一四二三）八月十五日
2	正親町天皇御封	永禄四年（一五六一）
3	後陽成天皇御封	慶長三年（一五九八）
4	後桜町天皇御封二枚	明和二年（一七六五）十月二十七日
5	後桃園天皇御封二枚	明和九年（一七七二）八月
6	光格天皇御封二枚	文化十一年（一八一四）六月八日

7	孝明天皇御封二枚	嘉永七年（一八五四）二月
8	明治天皇御封三枚	明治五年（一八七二）八月二日

この八枚のうち、2は臨時の開封の第十一番目のときのものと考えられ、4～7の四枚は、表四にあげた12・13・17・28のときのものとみなすことができよう。残った1・3・8の三枚のうち、明治五年の明治天皇のものはしばらく措くと、開封されたか否かの真偽が問題となるのは、1の応永三十年（一四二三）と3の慶長三年（一五九八）の二回についてである。

この二回は、いかなる目的・理由でもって開封されたのであろうか。このことをみておきたい。

（1）応永三十年（一四二三）八月十五日

この年は、「癸卯」の歳であって、「戊戌」ではなかったことから、「臨時の開封」であったと考えられる。ではこの年、「勅封心経」を開封するような社会不安を招くできごとが、何かあったであろうか。

『史料綜覧』によると、開封されてもおかしくない事象が三つ確認できた。一つは、この年の正月、後小松上皇が御不予＝病気であった記録である。すなわち、正月五日・七日・十一日・

十二日と御不例の記録がみられるが、同月二十四日条に「後小松上皇御平癒あらせらる」とあって、このときは二十日あまりで平癒したことをしりうる。

しかるに、四月三十日から五月二十七日にかけて、五回（五月二日・九日・十八日）にわたって、同じく後小松上皇の御不予の記録がみられた。これが二つ目である。

三つ目は、七月二十二日の大風洪水、八月十日・同二十一日の大雨洪水による止雨奉幣使の発遣が該当しよう。

このなか、開封された可能性が高いのは、後小松上皇のご病気であろうが、残念ながら、『史料綜覧』には『般若心経』に関する記述は見あたらない。後考に委ねることにしたい。

（3）慶長三年（一五九八）

この年は「戊戌」の歳であった。したがって、「定時・恒例の開封」であったことも考えられなくはないけれども、『史料綜覧』には『般若心経』をはじめ、「勅封心経」についての記述も、一切見あたらない。

では、「臨時の開封」であったのか。この年、「勅封心経」が開封されてもおかしくない事象が二つ確認できた。一つは、天下統一を成し遂げた太閤秀吉の薨去（八月十八日）とそこにいたる病気平癒の祈祷である。祈祷の記録は、六月二十七日から八月九日にかけて八回みられた

（七月一日・八日・十一日）。

いま一つは、後陽成天皇の御不予であった。御不予の記録は二月一日にはじめて見られ、八月十三日から十二月一日にかけては十一回見られ、この間に七仏薬師法・仁王般若法・尊勝王法・護摩法などが修されている。なかでも、十月十八日と二十六日には、御不予により譲位のことを議せしめたとある。

譲位のことまで諮られていたこと、「勅封心経」は歴代の天皇にかかわるものであったこと、を勘案するするならば、開封された可能性がより高いのは、後陽成天皇の御不予に際してであったといえよう。ところが、『史料綜覧』の項目には、残念ながら『般若心経』の名は見あたらない。よって、慶長三年も、後日を期すことにしたい。

以上、応永三十年八月十五日と慶長三年に、「勅封心経」が開封されたとの確証がえられなかったので、この二回は、表一にあげた大覚寺秘蔵「勅封心経」の天覧回数には加えないでおく。

第四章　空海の『般若心経』観

はじめに

空海の『般若心経』観とは、どのようなものであったのであろうか。

空海の『般若心経』観といえば、『般若心経秘鍵《ひけん》』に尽きるといってよいであろう。とはいえ、『秘鍵』以外の空海の文章にも、『般若心経』の名が散見されるのである。すなわち、空海の漢詩文を集成した『遍照《へんじょう》発揮《はっき》性霊集《しょうりょうしゅう》』（以下、『性霊集』と略称す）十巻には、百十篇あまりの漢詩文が収録されており、このなかに葬儀・追善の法要などの仏事に際して書かれた願文・表白・達嚫文《たっしんのもん》などが四十一篇ある。これら願文類のなかに、『般若心経』の名がみられるのである。

そこで、この章では二つのことを確認しておきたい。一つは、『般若心経秘鍵』にみられる空海の『般若心経』観である。いま一つは、『性霊集』所収の願文類にみられる『般若心経』である。いつ、どのような場面で『般若心経』と関わってこられたか、をみておきたい。それとともに、般若経典の一つである『金剛般若経』についても、同じく『性霊集』中にみておくことにしたい。

一、『般若心経秘鍵』にみる空海の『般若心経』観

はじめに

『般若心経秘鍵』とは、空海が撰述した『般若心経』の註釈書であるが、何とすばらしい名称であろう。「秘鍵」とは、「秘密の鍵」であり、「秘密を解きあかす鍵」でもある。「秘密の鍵」といえば、「秘密の扉をひらく鍵」「密教への扉をひらく鍵」、つまり「密教とはいかなる教えかを解きあかす鍵」である。一方、「秘密を解きあかす鍵」といえば、「『般若心経』が内包する奥深い真実の意味・趣旨を解きあかす鍵」といえよう。

いずれにしろ、この「秘鍵」なることばは、『般若心経秘鍵』そのものを端的にものがたることばといえる。なぜなら、空海以前の注釈者が、誰一人指摘していない解釈を『般若心経』に与えたのが、ほかでもない、この『般若心経秘鍵』であったからである。すなわち、

『般若心経』は大般若菩薩の大心真言、つまり般若菩薩のさとりの境界を説いた密教経典である、

と大胆に表明され、『般若心経』が内包する奥深い真実の趣旨を解きあかされたのであった。

では、『般若心経秘鍵』は、空海が密教眼をもって『般若心経』を解釈され、従来の空《くう》の思想を説いた大乗経典であるとの見方に対して、密教経典であると喝破された特異な著作である。

『般若心経秘鍵』は、『般若心経秘鍵』の特色は何か。その答えは、「『般若心経』は密教経典である」の一語に尽きるといっても過言でない。このことを含め、『秘鍵』で空海がいいたかったことを、端的に語った一節がある。序分の「『般若心経』の大意」の「心経の大綱」であり、三つに整理することができる。

①『大般若波羅蜜多心経』＝『般若心経』とは、大般若菩薩のさとりの境界（三摩地《さんまじ》の法門）を掲諦掲諦《ギャテイギャテイ》の真言に象徴される大心真言でもって説きしめした教えである。

②『般若心経』は、一紙、十四行に収まるきわめて短い経典であり、文章は簡潔であるけれども、内容はきわめて深遠である。

③この経の一句一句には、経・律・論・般若・陀羅尼の五蔵に説かれる般若の智慧が余すところなく含まれ、一行一行には七宗の行果、すなわち華厳《けごん》・三論《さんろん》・法相《ほっそう》・声聞《しょうもん》・縁覚《えんがく》・

天台《てんだい》の顕教と真言密教との七宗の修行とさとりの境界が説かれている。

言いかえると、①は、『般若心経』でもっとも大切なところ・肝心要は、さいごの掲諦掲諦《ギャティギャティ》の真言であり、だから密教経典であるとなる。②は、『般若心経』が全文二百六十余字の一番短い経典であるが、そこにはお宝がぎっしり詰まっているとなる。③は、そのお宝を具体的にいったもので、仏教のすべての教えとそのさとりの境界があますところなく説かれているとなる。

これら三つのことは、『秘鍵』で繰り返し説かれており、『秘鍵』の主題といってもよい。そこで、三つの視点から、いま少し整理してみたい。三つの視点とは、つぎの通りである。

1、『般若心経』は大般若菩薩の大心真言を説いた経典である。

2、『般若心経』は仏教のすべての教えとそのさとりの境界を説いた経典である。

3、『般若心経』は密教経典である。

1、『般若心経』は大般若菩薩の大心真言を説いた経典

第一は、『般若心経』は大般若菩薩の大心真言を説いた経典である。

いま一度、序分の「心経の大綱」をみておこう。本文をあげると、

大般若波羅蜜多心経といっぱ、即ち是れ大般若菩薩の大心真言三摩地の法門なり。

とあり、これを、

『大般若波羅蜜多心経』＝『般若心経』とは、大般若菩薩の大心真言、すなわち掲諦《ギャテイ》掲諦《ギャテイ》の真言に象徴される大般若菩薩のさとりの境界（三摩地の法門）を説いた教えである。

と要約してみた。

『陀羅尼集経』第三巻には、「般若大心陀羅尼第十六呪」として、

跢姪他一　掲帝掲帝二　波羅掲帝三　波囉僧掲帝四　菩提五　莎訶六

をあげ、「是れ大心呪なり」とする（『大正蔵経』十八、八〇七中）。これより、「大心真言」＝「大心呪」とみなされ、「大心真言」とは「掲諦掲諦、波羅掲諦、波羅僧掲諦、菩提薩婆訶」を指すと考え、右のように要約してみた。

要するに、ここでのキーワードは「大般若菩薩」「大心真言」「三摩地の法門」の三つである。

つぎに、キーワードの「大心真言」「三摩地の法門」を『秘鍵』にみてみよう。

「大心真言」は、正宗分《しょうしゅうぶん》の「心経の顕密」に、

般若心と言っぱ、此の菩薩に身心等の陀羅尼有り。是の経の真言は即ち大心呪なり。此の心真言に依って般若心の名を得たり。（傍線筆者）

とある。要約すると、つぎのようになる。

この経の題目『般若心経』にみられる「般若心」とは、大般若菩薩に身陀羅尼と心陀羅尼

（大心陀羅尼）とがあり、この『心経』に説かれる「掲諦掲諦《ギャテイギャテイ》……」の真言は、その大心呪＝大心真言（大心陀羅尼）にあたる。この大心真言によって、「般若心」の名をえたのである。だから、『般若心経』は密教経典に属するのである。

ついで、「三摩地の法門」である。同じく正宗分の「心経の説聴」に、

此れ三摩地門は、仏《ほとけ》鷲峯山《じゅぶせん》に在《いま》して鶖子等《じゅうしとう》の為に説きたまえり。

とあって、この大般若菩薩の大心三摩地の法門、すなわち大般若菩薩のさとりの境界を説いた『般若心経』は、仏陀が鷲峯山（霊鷲山）において、舎利弗《しゃりほつ》たちのために説かれたものである、という。

なお、正宗分の「心経の五分科」の「分別諸乗分」において、華厳・三論・法相・声聞縁覚・天台宗のさとりの境界を表すと説くところで、「建立《こんりゅう》如来の三摩地門」「無戯論《むけろん》如来の三摩地門」などと密教の世界での呼び名の如来をあげ、それら如来のさとりの境界を「三摩地門」と表記していることも参考となろう。

2、『般若心経』は仏教のすべての教えとそのさとりの境界を説いた経典

第二は、『般若心経』は仏教のすべての教えとそのさとりの境界を説いた経典である。

ここでも、序分の「心経の大綱」の本文をみておこう。

五蔵の般若は一句に嗛《の》んで飽《あ》かず、七宗の行果は一行に歠《の》んで足らず。

とある。これを要約すると、

『般若心経』の一句一句には、経・律・論・般若・陀羅尼の五蔵に説かれる般若の智慧が余すところなく含まれ、一行一行には七宗の行果、すなわち華厳・三論・法相・声聞・縁覚・天台の顕教と真言密教との七宗の修行とさとりの境界を含んでいて、その上にまだ余裕があるのである。

となる。ここでのキーワードは「五蔵」「七宗の行果」である。つまり、「五蔵」「七宗」は仏教のすべての教えをさし、「行果」は修行とその修行によって得られる果実、すなわち「さとり」「さとりの境界」とみなされる。

そこで、「五蔵」「七宗」に相当する語句がみられるところを抽出してみよう。一つは、序分の「疑義の問答」に、

如来の説法は一字に五乗の義を含み、一念に三蔵の法を説く。何に況んや、一部一品何ぞ匱《とぼ》しく、何ぞ無からん。(傍線筆者)

とある。要約すると、

『般若心経』は般若菩薩のさとりの境界を説く密教経典であるから、『心経』に説かれている説法は、たった一字のなかにも人・天・声聞・縁覚・菩薩の五乗の教えをふくみ、一

念の一瞬間に経・律・論三蔵のすべての教え（法）が説き明かされるのである。一字一念でさえこのようであるから、ましてや経典の一巻・一章には、五乗・三蔵の教えがどうして乏しく、もしくは欠落していることがあろうか。

となる。

二つ目は、「行人得益分《ぎょうにんとくやくぶん》」すなわち般若の法を修行する人が利益を得てさとりにいたることを説く段落で、つぎの一文がみられる。

初めの人に七つ有り。前の六つと後の一つなり。乗の差別に随って、薩埵に異有るが故に。又薩埵に四つ有り。愚・識・金・智是れなり。（傍線筆者）

要約すると、

はじめの「人」は七種類、さきの段落で説いた華厳（建）・三論（絶）・法相（相）・声聞と縁覚の二乗（二）・天台（一）の六宗の行人と、後に説く真言の行人との七行人である。なぜ七種に分かれるのか。教えの違いによって修行する人＝薩埵が異なるからであるという、薩埵はまた四種に分かれる。愚かなる六道の凡夫（愚童薩埵）と識あるもの（声聞・縁覚の有識薩埵）と智あるもの（四家大乗の智薩埵）と真言行人（金剛薩埵）との四種である。

となる。ここに「さきの段落で」とあって、正宗分の「心経の五分科」では、華厳・三論・法相・声聞縁覚・天台の六宗のさとりの境界が説かれていたのである。
空海は、『般若心経』の文章は簡潔であるけれども、内容はきわめて深遠であるといわれた。この「きわめて深遠である」内容が、外でもない、仏教のすべての教えとそのさとりの境界を説くところであろう。

3、『般若心経』は密教経典である

第三は、『般若心経』は密教経典である。
先の「第一」にあげた序分の「心経の大綱」の一文が、このことの典拠となる。すなわち、

　大般若波羅蜜多心経といっぱ、即ち是れ大般若菩薩の大心真言三摩地の法門なり。

とあり、これを原文に忠実に訳すると、

　『大般若波羅蜜多心経』とは、大般若菩薩の大心真言であり、大般若菩薩のさとりの境界（三摩地の法門）を説きしめした教えである。

となろう。『陀羅尼集経』第三巻には、「大心呪」として「跢姪他[一]掲帝掲帝[二]波羅掲帝[三]波囉僧掲帝[四]菩提[五]莎訶[六]」をいだす。これより、「大心呪」＝「大心真言」とみなすと、

①『大般若波羅蜜多心経』＝『般若心経』は、大般若菩薩の大心真言「掲諦掲諦、波羅掲諦、波羅僧掲諦、菩提薩婆訶」を説く経典であり、

②その大心真言は、大般若菩薩のさとりの境界を説きしめしたものである。

となり、

『大般若波羅蜜多心経』＝『般若心経』とは、大般若菩薩の大心真言、すなわち掲諦掲諦《ギャテイギャテイ》の真言に象徴される大般若菩薩のさとりの境界（三摩地の法門）を説いた教えである。

と要約した。

要するに、

『般若心経』で一番大切なところ・肝心要は、大心真言「掲諦掲諦、波羅掲諦、波羅僧掲諦、菩提薩婆訶」であり、大般若菩薩のさとりの境界（三摩地の法門）を真言でもって説きしめした経典であって、密教経典に属する。

と整理することができよう。

空海は、正宗分の「心経の顕密」においても、経題『般若心経』にみられる「般若心」とは、大般若菩薩の大心真言によって「般若心」の名を得たのであるといい、やはり『般若心経』は密教経典に属するとみなすのであった。

肝心の「掲諦掲諦《ギャテイギャテイ》」の真言であるが、空海は七宗の行果、すなわち七宗の修行とさとりの境界を説いたものであるといい、つぎのようにみなされた。

この大心真言を五つに分け、諸乗のさとりの境界とみなす。初めの掲諦《ギャテイ》は、声聞乗のさとりの境界を顕《あら》わし、第二の掲諦《ギャテイ》は、縁覚乗のさとりの境界をあげ、第三の波羅掲諦《ハラギャテイ》は、もろもろの大乗の、すなわち華厳・天台・三論・法相の最勝なるさとりの境界を指し、第四の波羅僧掲諦《ハラソウギャテイ》は、一点の欠けたところもない円に喩えられる曼荼羅の教え、すなわち真言乗のさとりの境界を明かし、第五の菩提薩婆訶《ボウヂソワカ》は、以上に述べたすべての教えのさとり（菩提）を究めつくし、そのさとりに入ること（証入）を説いたものである。

極めつきは、さいごの流通分《るづうぶん》で、

我、秘密真言の義に依って、略して心経五分の文を讃す。
一字一文法界に遍じ、無終無始にして我が心分なり。

と記すところである。これをつぎのように要約してみた。

わたしはいま、『般若心経』は密教経典であるとの立場から、秘密真言の深い趣旨をもって、この『心経』を五段落にわかち、簡略ではあるが、讃歎し解釈した。『般若心経』の一つ一つの文字・一つ一つの文章は、ことごとく般若菩薩の法曼荼羅であって、この宇宙に遍満しており、しかも始めも無く終りも無くして、わたしの一心そのものでもある。

以上をまとめると、くり返しになるが、

『般若心経』で一番大切なところ・肝心要は、大心真言「掲諦掲諦、波羅掲諦、波羅僧掲諦、菩提薩婆訶」であり、大般若菩薩のさとりの境界（三摩地の法門）を真言でもって説きしめした密教経典である。

と申しておきたい。

おわりに

『般若心経秘鍵』の主題は、『般若心経』は密教経典であるとの主張であった、と申しあげた。それはそれとして、空海が『秘鍵』でいいたかったことはこれだけであろうか。さいごに、このことを考えてみたい。

『秘鍵』全体を通読して感じること、つまり『秘鍵』全体に通底するのは、顕教の教えに対する密教の優位、密教がいかに勝れた教えであるか、の表明ではないかと想われるのである。以下、顕密を対弁しているところを四つあげてみたい。

第一は、序分の「仏法の大綱」である。さとりも仏の教えも、すべて私を離れては存在しない。そのことに気づかないで、生死輪廻の世界に苦しんでいるものの何と哀しいことか、痛ましいことか。その苦しみの世界から心安らかな世界に送り届けるために、仏は教えを説かれたのである。その教えは、それぞれが生まれながらに具えもつ宗教的な能力（機根）に応じた教えが用意してあるといい、

その教えの一つが密教であり、いま一つが顕教の人・天・声聞・縁覚・菩薩五乗の教えで

ある。ただし、顕教は真実の教えではなく、仮の方便・てだての教えであって、密教にははるかに及ばない。

という。このところを、原文ではつぎのように表記する。

遂使《ついん》じて二教轍《あと》を殊《ことん》じて、手を金蓮《こんれん》の場《じょう》に分かち、五乗 鑣《くつばみ》を並べて、蹄《ひずめ》を幻影《げんにょう》の埒《らち》に踠《あが》つ。

第二は、正宗分の「心経の顕密」である。『般若心経』は顕教の経典か、密教の経典か、を論じる。密教経典とみなす論拠は、経題『般若心経』にみられる「般若心」とは、大般若菩薩の大心真言によって「般若心」の名をえたのであるから、『般若心経』は密教経典に属するとみなす。ついで、顕教経典とみなす根拠は、

『般若心経』は、『大般若経』の肝心要を略出したものであるから、「般若心」と名づけたのであり、独立の経典として別の会場で説かれたものではない。だから、『般若心経』は顕教の経典である。

という。これに対する反論は、つぎの通りである。

それは皮相の見解に過ぎない。あたかも巨大な龍に蛇に似た鱗《うろこ》があるからといって、その龍を蛇だとはいえない。これと同じで、『般若心経』に『大般若経』に似た文章があったとしても、ただちに顕教の経典だとはいえない、と。

第三は、正宗分の「問答決疑分」にみえる「真言の説不」である。「真言の説不」とは、ごく簡単にいうと、真言陀羅尼を説いてよいか否か、の問答である。質問して「真言陀羅尼は、これ大日如来のさとりの境界をありのままに説きしめした如来の秘密のことばである。だから、古来、三蔵や註釈家たちは、語らなかった。しかるにいま、『秘鍵』では陀羅尼を解釈している。如来のみこころに背くのではないか」という。

答えていう。「大日如来の説かれた教えは二種類、顕わな教え（顕教）と秘密の教え（密教）である。顕教とは、顕わで易しい教えだけしか理解できない能力の人のために、多くの字句を用いて一つの意味を表わす表現形式でもって説かれた教えである。密教とは、深秘で奥深いことをも理解できる勝れた能力の人のために、一字に無量の意味をふくむ総持《そうじ》、すなわち真言陀羅尼をもって説かれた教えである。密教の教主大日如来はもちろん、龍猛《りゅうみょう》・善無畏《ぜんむい》・不空三蔵《ふくうさんぞう》などの密教の祖師たちも真言陀羅尼の奥深い教えを説いている。真言陀羅尼を説くか説かないかは、その真意を正しく理解できるかどうか、受けとる人の能力いかんによる。深秘の奥深い教えを説くか説かないか、いずれにしろ、仏のみこころに契《かな》っている」と。

第四は、同じく正宗分の「問答決疑分」にみえる「顕教と密教」である。質問して「顕教と密教の趣旨は、はるかにかけ離れている。顕教の経典とみなされる『般若心経』のなかに、真言の奥深い教えを説くとみなすのはおかしいのではないか」と。

答えていう。「顕教と密教の違いは、それを識別できる能力を持つか持たないかによって決まるのであって、経文そのものに顕密の違いがあるのではない。たとえば、医学・薬学の知識に長けたものの眼には、みるものすべてが薬となり、宝石を鑑別する知識をもった人には、掘り出されただけの原石をみて、ただちに宝石か否かを識別できるのである。密教経典とみなすか、みなさないかは、見きわめる能力を持つか否かによるのである」と。

答えの最初「顕教と密教の違いは……」の原文は、「顕密は人に在《あ》り、声字は即ち非なり」である。ここでいわんとされたことは、『弁顕密二教論』に説かれる「衆生の秘密」に当たるといえよう。

ともあれ、誰も指摘しないけれども、『秘鍵』の隠された主題の一つは、顕密の対弁であったとみなしておきたい。

さいごに、一言申しそえておきたい。それは、「六国史」には社会不安をまねく事象が出来したとき、それらの災厄を取りのぞくために『般若心経』が読誦された記録が散見されることについてである。つまり、わが国の古代において、『般若心経』は除災のための経典とみなされていた。しかるに、空海は除災の経典とはみなしていないといってもよい。

序分の「利益の殊勝」のところで、『般若心経』を読誦し受持し講説し供養する功徳をしめ

して、

『般若心経』の一つ一つの文字には無量の功徳が具わっているので、この『般若心経』を読誦し受持し講説し供養すれば、ただちに一切の苦しみを抜きさり安楽を与えることができ、さらに進んで、『般若心経』にもとづいて修習し、これをよく思惟すれば、さとりを得、天眼・天耳・他心・宿命・神足・漏尽の六神通をえて、あらゆる神通力を発揮することができる。

といい、功徳に「抜苦与楽」があると記されるけれども、空海の真意は後半にあったといえる。すなわち、『般若心経』はわれわれを心安らかな世界に導いてくれる密教経典であり、われわれの目指すべきは「一心は是れ本居《ほんこ》なり」の「本居」、われわれが生まれながらに具え持つ浄菩提心たる一心＝大日如来のみこころに安住することである、と申しておきたい。

二、空海の文章にみられる『般若心経』

空海の文章にみられる『般若心経』について、空海の漢詩文を集成した『性霊集』には、百十篇あまりの漢詩文がみられる。このなかには、葬儀・追善の法要などの仏事に際して書かれた願文・表白・達嚫文《たっしんのもん》などが四十一篇みられ、空海の文章の一大部門を形成していると言っても過言ではない。

空海の書いた文章のなか、四つの願文類に『般若心経』がみられた。すなわち、空海の漢詩文を集成した『性霊集』のなかに三つ、『高野雑筆集《こうやざっぴつしゅう》』の別本である『拾遺《しゅうい》性霊集』のなかに一つ、の四つである。それらを年代順にあげると、

1、大同二年（八〇七）二月十一日「大宰少弐田中氏の亡母のための願文」（『定本全集』第八巻、一二四頁）

2、弘仁九年（八一八）三月二十四日「済恩寺願文（左衛門佐常房の亡父のための願文）」（『定本全集』第七巻、一九六頁）

3、弘仁十二年（八二一）十月八日「参軍葛木氏の亡父のための願文」（『定本全集』第八巻、一二一頁）

4、天長六年（八二九）七月十八日「大夫三島助成の亡息女のための表白」（『定本全集』第八巻、一四五頁）

となり、唐から帰朝直後の大同二年から晩年の天長六年にかけての四つである。
一つ一つの文章にあたって、具体的にみてみよう。

1、大同二年（八〇七）二月十一日「大宰少弐田中氏の亡母のための願文」

第一は、唐から帰国直後の大同二年二月十一日、大宰少弐であった田中氏の亡母の一周忌を修したときの願文である。現存する願文のなかで、もっとも古い願文であること、帰国早々のこの時点で、曼荼羅が作成されていることなど、空海の事績の上からも注目すべき文章の一つである。

空海の願文の特色は、四つの段落によって構成されていることである。ここに引用する文章は、その第三段落、すなわち追善の法要を修するに際して、亡き人の菩提を祈るために行われた数々の作善、つまり仏像の造立・仏画の図絵・書写し講讃した仏典などを記すとともに、法会当日の様子などを記す一節である。その本文をあげてみよう。

【史料1】『性霊集』巻第七（『定本全集』第八巻、一二四頁）

是を以て大同二年仲春十一日、恭《つつし》んで千手千眼大悲菩薩并《なら》びに四摂八供養摩訶薩埵等の一十三尊を図絵し、并びに妙法蓮華経一部八軸、般若心経二軸を写し奉り、兼ねて荒庭《こうてい》を掃《そう》洒《さい》して聊《いささ》か斎席を設けて潔《いさぎよ》く香華を修し、諸尊を供養す。

（傍線筆者）

これを要約すると、つぎのようになる。

そこで大同二年二月十一日、謹んで千手千眼大悲菩薩を中尊とし、金剛鉤《こんごうこう》・金剛策《さく》・金剛鎖《さ》・金剛鈴《れい》の四摂《ししょう》菩薩、内・外おのおの四供養菩薩を加えた十三尊曼荼羅を図絵し、あわせて『妙法蓮華経』一部八軸、『般若心経』二軸を書写した。そのうえ庭を掃き清めて、心ばかりの法会の場を設け、香華を供えて、曼荼羅諸尊を供養した。

この願文には、注目すべきことが二つある。第一は、中尊の千手千眼観世音菩薩に四摂・八供養菩薩を加えた十三尊曼荼羅が画かれたことである。前年の十月二十二日付で『御請来目録《ごしょうらいもくろく》』が撰進されており、それから三ヶ月余りでこの曼荼羅が画かれたのであった。詳細は不明であるが、この法会のために曼荼羅が図絵されたことは間違いなく、わが国における曼荼羅図絵の嚆矢として記憶されるべきであろう。

第二は、追善の仏事に際して、八巻本の『妙法蓮華経』と『般若心経』二巻が書写され、追善の仏事が執り行われたことである。ここには、「般若心経二軸」とあるだけで、誰の訳本であったかなどは、残念ながら判然としない。なお、『大正蔵経』所収の『法華経』は羅什訳の七巻本であるが、ここにみられる「一部八軸」の八巻本は、奈良時代の記録をはじめ、この時代にはよくみられることから、留意すべきである。

［付記1］

空海の願文の特色は、四つの段落によって構成されていることである。その各段落の概要を記しておく。

第一段落。仏の教え、特に密教の教えの勝れていること、および大日如来などの諸仏・諸尊の境界とその徳を述べ、それへの帰依が説かれる。

第二段落。故人の生前の徳を称讃し、他界した悲しみと忽ちにして忌日が巡ってきたことが記される。

第三段落。法会の年月日と故人の菩提を弔わんがためになされた経典の書写、仏像の造立、曼荼羅および諸尊像の図絵、経典の講演・読誦、法会の模様などが記される。

第四段落。願意が述べられ、追善供養の功徳によって、一方では故人の霊がすみやかに成仏せんことを願い、また一方ではその功徳が現世に残った人たちにも及び、親族の福寿と聖朝の安穏、天下泰平を祈り、最後に諸天をはじめ一切衆生（生命あるものすべて）が悉く菩提を証せんことを祈念する。

［付記２］

「大宰少弐田中氏の亡母のための願文」の『性霊集』に記された標題は、「田少弐が先妣の忌斎を設くるが為の願文」である。この施主である「田少弐」とはいかなる人物かについて、かつて論じたことがある。史料の制約もあって、断定できるまでには至らなかったが、「田少弐」に一番近い人物は「田中朝臣八月麻呂」であった、との結論に至った。「田少弐」の候補者は四名―田中吉備・清（浄）

人・大魚・八月麻呂──いたが、その経歴から大宰少弐として赴任した可能性が一番高いのが八月麻呂であった。八月麻呂は、延暦二十三年（八〇四）四月から大同元年（八〇六）四月にかけて、右衛士佐・兼上総権介・兼越後守などを歴任している。八月麻呂が「兼越後守」に任ぜられたのは大同元年四月十二日であったが、その直後の同年五月一日、百済王聡哲が越後守に任ぜられており、このあと八月麻呂が大宰府に赴任することは十分考えられるのである。興味のある方は、拙稿「空海と田少弐」（拙著『空海伝の研究─後半生の軌跡と思想─』所収、吉川弘文館、二〇一五年）をご覧ください。なお、この拙著には『性霊集』所収の四十一の願文類を整理した「『性霊集』願文表」を収録している（四〇二～四〇六頁）。そこでは、願文の種類・法会の場所・作善の詳細・願意の種類などを一覧表にしている。あわせて、ご参照ください。

2、弘仁九年（八一八）三月二十四日「済恩寺願文（左衛門佐《すけ》常房の亡父のための願文）」

第二は、弘仁九年三月の「左衛門佐常房の亡父のための願文」である。この願文は、空海の書簡類を集成した『高野雑筆集』の別本である『拾遺性霊集』に収録され伝来してきた。そこでは、題名を「済恩寺願文」と記されるが、その文章の構成が四段形式であること、各段落の書き出しの語句が空海の願文類と同じであることから、空海作の願文とみなすことができる。

この願文は、冒頭の書き出しが、

弟子藤原朝臣常房等、十方の一切三宝に帰命したてまつる。

ではじまり、第二段落の書き出しが、

伏して惟《おもんみ》れば先考参議従四位上兼行右衛門督《こううえもんのかみ》、気を山河に稟《うけ》て（以下略）

とあって、藤原常房等《ら》が参議で右衛門督を兼任していた亡き父・従四位上藤原朝臣藤嗣の一周忌法要を修したときの願文であることをしりうる。

常房は、『尊卑分脈』「贈太政大臣藤原朝臣房前五男魚名」の系譜に、

従五上、蔵　左衛門佐

とある（『国史大系』第五十九巻、二六九頁）。

藤嗣は、『同書』（二六八頁）に、常房等の父として、

参議。従四上。右衛門督。弘仁八三廿四卒四十五。

と記され、『公卿補任』弘仁八年の条にも、

参議。従四位上。右衛門督。三月廿四日卒〈四十五歳〉。

とあって（『国史大系』第五十三巻、八九頁）、弘仁八年三月二十四日四十五歳で卆去した。

これらの記述から、この願文は藤嗣のまさに一周忌の正当にあたる弘仁九年三月二十四日に書かれたことをしりうる。そこで、『性霊集』所収の願文に準じて、「左衛門佐常房の亡父のための願文」と称することにしたい。

弘仁九年は、空海にとって、記念すべき年であった。弘仁七年七月に、嵯峨天皇から高野山

を下賜され、同九年三月は高野山での伽藍建立の準備が着々と進められていたときであった。この年十一月十六日、空海は勅許後、はじめて高野山に登山し、翌年七月ころまで高野山に滞在して伽藍配置を定め、結界の法を修された。

この願文のなか、『般若心経』がみられるのは第三段落であり、つぎのように記されている。

【史料2】『拾遺性霊集』（『定本全集』第七巻、一九七頁）

謹んで弘仁九年三月二十四日を以て、先考の奉為《おんため》に刻桃薬師如来の像七躯、日月遍照夾侍菩薩両躯、護世天王の像四躯、並《ならび》に法華経一部八巻、最勝王経一部十巻、金剛般若経、薬師経、阿弥陀経、多心経各《おのおの》一巻、堂幡華鬘各《おのおの》二十六旒《りゅう》を造刻し奉《たてまつ》る。砕容《さいよう》の儼相《げんそう》動くこと無くして真《しん》に契《かな》い、定貌《ていぼう》の慧身《えしん》言わずして理《り》を得る。智剣利《するど》くして煩悩を断ち、妙理深くして業網《ごうもう》を除く。苦因を宝幡《ほうばん》に表して、覚果《かっか》を鬘蘂《まんずい》に示す。（傍線筆者）

これを要約してみよう。

謹んで弘仁九年三月二十四日、亡き父藤原藤嗣の菩提に資せんがために、薬師如来像七体、脇侍の日光・月光菩薩像二体、四天王像四体を造刻し、法華経一部八巻、最勝王経一部十巻、そして金剛般若経、薬師経、阿弥陀経、般若心経おのおの一巻を書写し、堂内を荘厳する幡二十六旒《りゅう》と華鬘《けまん》二十六旒《りゅう》を製作した。仏像の細やかで厳かな面相は、動かないけれども真実の姿を写したかのようであり、整った面貌に智慧を表現した仏身は語らないけれども見ているだけで真理をさとることができる。四天王が手に持つ智恵の剣は鋭利であって煩悩を断ちきり、法華経などに説かれる最妙なる教えは甚深であって業網を取り除く。幡幢《ばんとう》は苦しみの原因を表し、華鬘は覚りの境界を示している。

ここで注目すべきことが二つある。第一は、父藤嗣の一周忌の法要を執り行うにあたって、数多くの仏像・写経・道場を荘厳する幡と華鬘が作成されていることである。まず、仏像は薬師如来像七体（七仏薬師像か）と脇侍の日光・月光両菩薩像二体、四天王像四体と合計十三体を数える。写経は、『法華経』一部八巻、『最勝王経』一部十巻、『金剛般若経』一巻、『薬師経』一巻、『阿弥陀経』一巻、『般若心経』一巻の六部二十二巻を数える。そうして、幡と華鬘がそれぞれ二十六旒であった。これらの造像と写経の数は、『性霊集』所収の願文類のなかでも最大にちかい部類に属し、盛大な周忌法要が執り行われたことが推察されるのである。

第二は、『般若心経』を「多心経」と記すことである。この「多心経」は、正倉院文書にみられる写経所の記録によくみられる表記であった。そして、護国経典である『法華経』と『最勝王経』が書写されていることにも留意したい。

ただ、残念なことは、これらの数多くの造像・写経などは、施主の意向によるのか、それとも空海の教導によるのか、を明確にしえないことである。

3、弘仁十二年（八二一）十月八日「参軍葛木氏の亡父のための願文」

第三は、弘仁十二年十月の「葛木の参軍《さんぐん》、先考《せんこう》の忌斎《きさい》を設くる願文」である。この年、空海は超多忙であった。それは、四月から八月にかけて、両部の曼荼羅など二十六鋪の図絵をおこない、九月七日に開眼法要を執り行ったからである。空海が青年期から入唐にいたる若き日の感慨を、

①弟子空海、性《しょうくん》熏我《われ》を勧めて還源《げんげん》を思いとす。径路《けいろ》未《いま》だ知らず。岐《ちまた》に臨《のぞ》んで幾《いく》たびか泣《な》く。
②精誠感《せいせいかん》有って此《こ》の秘門《ひもん》を得たり。文《もん》に臨《のぞ》んで心昏《こころくろ》うして、
③赤縣《せきけん》を尋《たず》ねんことを願う。人の願い天順《てんしたが》いたもうて、大唐《だいとう》に入ることを得たり。
（○番号筆者）

と記されたのが、この法要のときの願文であった（『定本全集』第八巻、一〇八～一〇九頁）。

また、十一月に藤原冬嗣・三守に書き送った書簡には、

①嗟乎《ああ》、俗に在《あ》って道を障《ふさ》ぐこと、妻子尤《もっと》も甚だし。道家の重累は弟子、是《これ》魔なり。如《し》

かじ、弟子の愛を絶って国家の粒《かて》を却《しりぞ》けんには。

②斗藪して道に殉《じゅん》じ、兀然《ごつぜん》として独坐せば、水菜能《よ》く命を支え、薜蘿《へいら》是《これ》吾が衣たり。修する所《ところ》の功徳、以て国徳《くにのめぐみ》に酬《むく》う。

③所有の経仏等は杲隣《ごうりん》・実恵《じちえ》に伝授す。恐らくは、人《ひと》金剛にあらず。蜉蝣《ふゆう》是《これ》寿《よわい》なり。一去の後、再面期し難《がた》し。二・三の弟子等、両相国に属《しょく》し奉る。

④伏して願わくは、時々検を垂れて秘教を流伝せられば、幸甚、幸甚。

（〇番号・傍線筆者）

と、何かと労苦の跡が偲ばれ、死をイメージさせる文章がみられるのであった（『定本全集』第七巻、一〇八頁）。

ちょうどこの中間に書かれたのが、この近衛の将監《しょうげん》であった葛木魚主の亡き父母のための願文である。『般若心経』は、その第三段落につぎのようにみられる。

【史料3】『性霊集』巻第七（『定本全集』第八巻、一一二頁）

謹んで弘仁十二年十月八日を以て、先考妣《せんこうひ》の奉為《おんため》に金光明経一部、法華経両部、孔雀経一部、阿弥陀経一巻、般若心経二巻を写し奉り、兼ねて供具を荘《かざ》って三尊に奉奠《ほうてん》す。

（傍線筆者）

要約するまでもないであろう。「先考妣」すなわち「亡き父母」のために、作善として『金光明経』一部、『法華経』両部、『孔雀経』一部、『阿弥陀経』一巻、『般若心経』二巻を書写したとある。この「先考妣」の「妣」は、題目が「先考」となっていることから、衍字《えんじ》つまり誤りではないかとする註釈書もあるけれども、「先考妣」が正しいと考える。なぜなら、『法華経』両部・『般若心経』二巻と二部（巻）ずつ書写されており、一方、題目は空海が付したものではないからである。

ちなみに、この願文は「星霜廻《めぐ》り薄《せま》って祥禫《しょうたん》忽ちに戻《いた》る」とあって、「祥禫」すなわち三回忌の法要のときのものであった。

4、天長六年（八二九）七月十八日「大夫三島助成の亡息女のための表白」

第四は、天長六年七月、正五位上であった三嶋真人助成の亡き息女の一周忌を修したときの表白《ひょうびゃく》である。空海は、この表白のなかで、追善の仏事とそれにともなう作善の意義を力説していることが目を引く。

いかなることかというと、空海は「最愛の肉親を亡くしても、哀《かな》しんでばかりいては駄目ですよ」といい、死者が本来あるべきところに帰るための作善、すなわち造仏・写仏・写経・経典の講讃・追善の仏事などを勧めているのである。言い換えると、亡きひとを得脱《とくだつ》せしめ、覚《さと》りの世界におくりこむには、作善の功徳、つまり経典の書写や講説をはじめ、曼荼羅や仏像の造立、追善の仏事などを執り行なって功徳を積むことが肝心であり、それによって、遺《のこ》されたものたちも心の安泰をえることができる、といわれる。

このことを端的にいっているのが、つぎの一節である。

【史料4】『性霊集』巻第八（『定本全集』第八巻、一四五頁）

朝夕《ちょうせき》に涙《なんだ》を流し、日夜に慟《いた》みを含むと雖《いえど》も、亡魂《ぼうこん》に益《えき》無し。是の故に亡児の茕霊《けいれい》を済《すく》わんが為に、謹んで金字の妙法蓮華経一部、般若心経一巻を写《うつ》し奉《たてまつ》り、兼《かね》て五十八の法侶を延《ひ》いて、妙経の奥義を講宣《こうせん》す。（傍線筆者）

これを要約してみよう。

朝に夕に涙をながし、日に夜をついで歎き悲しんでも、亡きひとの魂には、何の益にもならない。だから、亡き息女のさまよう霊魂を救うために、謹んで金泥をもって『妙法蓮華経』一部、『般若心経』一巻を書写し、あわせて五十八名の僧侶を招いて、これら勝れた経典の真髄を講讃した。

この表白には、亡き息女は、助成自慢の娘であり、溺愛していたことが書かれている。その娘を亡くし、憔悴《しょうすい》しきっていた助成を元気づける意味で、先のように書かれたとみなすならば、ここには空海の深き慈しみの心を読みとることができよう。

この表白では、「金泥をもって書写した」も注目される。空海の文中には、ときおり目にする「金泥」である。おそらく、亡きひとを得脱《とくだつ》せしめる上で、より強力なパワーを期待してのことではなかったかと考えておく。

なお、正五位上であった三嶋助成は、天皇のおそば近くに仕えていた役人であった。正倉院の宝物を出納したときの文書に、その名前がみられる。すなわち、弘仁二年（八一一）から同五年にかけては「内蔵助従五位下三嶋真人『助成』」とあり、同八年（八一七）五月には「大膳大夫従五位上三嶋真人『助成』」とみられる。「内蔵助《くらのすけ》」は内蔵寮《くらのりょう》のナンバー二、「大膳大夫《だいぜんのかみ》」は大膳職《だいぜんしき》のトップの地位であった。内蔵寮は、宮中用の財宝・金銀、その他諸国の貢献物や天皇・皇后の装束をおさめる倉庫をつかさどり、宮中御用物の調進をつとめた役所であった。大膳職は、宮廷用の諸国の調の雑物、食膳・食料のことをつかさどった役所であった。いずれも、天皇の日常生活に密接なかかわりを有した役所であり、その次官・長官を務めていた助成と空海との出逢いは、天皇を介してのことではなかったかと考える。

以上、『性霊集』所収の三つの願文・表白と『拾遺性霊集』所収の一つの願文に、追善の仏事に際して、作善の一つとして書写された経典のなかに『般若心経』がみられたのであった。先にも記したように、これらの『般若心経』は、はたして施主の意向によったものか、それとも空海の教導によったものか、を明確にしえないところが残念である。

三、空海の文章にみられる『金剛般若経』

「六国史」には、社会不安をまねく事象、すなわち水害・日照り・地震・流行病などが出来したとき、般若経典の一つである『金剛般若経』の転読・講讃がおこなわれた記録が少なからず見られた。そこで、『性霊集』中にみられる『金剛般若経』をみておきたい。

同じく願文類を調べたところ、

5、弘仁四年（八一三）十月二十五日「中納言藤原葛野麻呂のための願文」（『定本全集』第八巻、一〇三頁）

6、天長四年（八二七）七月下旬「故左大臣藤原冬嗣のための願文」（『定本全集』第八巻、九九頁）

と二つ確認できた。いかなる場面にみられるか、一つ一つみておくことにする。

5、弘仁四年（八一三）十月二十五日「中納言藤原葛野麻呂のための願文」

第五は、空海が入唐したときの遣唐大使・藤原葛野麻呂が、嵐に遭った船中で、わが国の天神地祇に航海の無事を祈ったときの約束を、果たし終えたときの願文である。葛野麻呂が帰国して九年目、弘仁四年十月のことであった。

【史料5】『性霊集』巻第六（『定本全集』第八巻、一〇三頁）

①弟子去《いん》じ延暦二十三年、天命を大唐に銜《ふく》んで遠く鯨海《げいかい》を渉る。風波天に沃《そそ》いで人力何ぞ計らん。自ら思わく、冥護に因《よ》らずんば寧《むし》ろ皇華《こうか》の節を遂《と》ぐることを得んや。

②即ち祈願すらく、一百八十七の天神地祇等の奉為《おんため》に、金剛般若経、神毎《かみごと》に一巻を写し奉らんと。鐘谷《しょうこく》感応して使乎《しこ》の羨《ねがい》を果すことを得たり。

③寤寐《ごび》に思いを服《つ》けて食味《しょくあじわい》を甘《あま》んぜず。然りと雖も、公私擾擾《じょうじょう》として遅延し跼蹐《きょくせき》す。

④謹んで弘仁四年十月二十五日を以て奉写し供養す。並《ならび》に以て転諷《てんぷう》すること巻毎《まきごと》に一遍。

（〇番号・傍線筆者）

これを要約しておく。

①仏弟子たる葛野麻呂、去る延暦二十三年（八〇四）、天皇の命をうけ、大唐に渉《わた》ろうと大海を航行していたとき、大暴風に遭い、人の力ではどうすることもできなくなった。そこで想った。神々の助けによらなければ、この遣唐大使の任務を全うすることはできないと。

②そこで、祈願した。わが国の天の神・地の神一百八十七所のために、神ごとに『金剛般若経』一巻を書写することを誓い、神の助けを祈ったところ、忽《たちま》ちに感応があり、遣唐使の使命を無事成し遂げることができた。

③帰国後は、寝ても醒《さ》めても、この神々への祈願のことが気がかりで、食事は少しも美味しくなかった。それなのに、公私ともにごたごたがあって延び延びとなり、怖れで心が休まることはなかった。

④やっとの想いで写経を終え、弘仁四年十月二十五日、供養の日を迎えることができた。一巻ごとに転読すること一遍であった。

ここに、船旅の無事をわが国の百八十七柱の神々に祈ったと記す。ここで想起されるのが、帰国の途中、嵐に遭った船中で立てられた空海の小願である。すなわち、弘仁七年六月、布勢《ふせ》の海《あま》に宛てた手紙に、

【史料6】『高野雑筆集』（『定本全集』第七巻、九九～一〇〇頁）

空海、大唐より還《かえ》る時数々漂蕩《しばしばひょうとう》に遇《あ》いて、聊《いささ》か一の小願を発《おこ》す。帰朝の日、必ず諸天の威光を増益《ぞうやく》し、国界を擁護《ようご》し、衆生を利済せんがために一の禅院を建立し、法に依って修行せん。願わくは、善神《ぜんじん》護念して早く本岸に達せしめよと。神明昧《くら》からず、平かに本朝に帰る。

とあり、空海も航海の無事をわが国の神々に祈られたのであった。このときの小願は、帰朝後十一年、高野山の開創に結実するのであった。

なお、最澄は弘仁元年（八一〇）正月十五日付の空海宛て書簡にて、入唐するに先立って、航海の安全を祈って十一面観音像を造立したが、いまだ供養を遂げていない。来る三月、九州に赴いて、その供養を修したいので『十一面儀軌』を借覧したい、と願いでたのであった。

一方、円仁の『入唐求法巡礼行記《にっとうぐほうじゅんれいこうき》』によると、五島列島から出帆した翌日の承和五年（八三八）六月二十四日、遣唐大使藤原常嗣は航行の安全を祈って、画師に観音菩薩像を描かせ、留学僧の円仁たちに読経させたという。

また、同月二十八・二十九日には、揚子江の河口に到着したあと、強風に翻弄され、今にも沈まんとする船のなかで、観音菩薩と妙見菩薩の名号を一心に唱えたと記す。このように、この当時の唐に渡る旅は命がけであった。

ともあれ、ここでは、航海の安全を祈って『金剛般若経』が書写・供養されたことに留意しておきたい。

6、天長四年（八二七）七月下旬「故左大臣藤原冬嗣のための願文」

第六は、空海の有力な檀越のひとりであった藤原冬嗣の三回忌の法要を、同母弟の良岑安《よしみねのやす》世《よ》が修したときの願文である。さっそく、本文をあげてみよう。

【史料7】『性霊集』巻第六（『定本全集』第八巻、九九頁）

謹んで天長四年孟秋の季旬を以て、先《さき》の左僕《さぼく》射《や》の大祥の奉為に、金字の金剛般若経一十二紙を写し奉る。之を延《ひ》くに龍象《りゅうしょう》をもってし、之を衍《の》ぶるに湧泉《ゆうせん》をもってす。（傍線筆者）

要約すると、つぎのようになる。

つつしんで天長四年七月下旬、故《もと》の左大臣藤原冬嗣の三周忌のために、金泥をもって『金剛般若経』十二紙を書写した。そうして、智徳の勝れた僧を招き、この経典を講演した。

ここでも、金泥をもって写経が行われており、金泥にいかなる意味があるのか、金泥に籠められた願い・意義とはなにか、といったことを、一度明らかにしておく必要があろう。金泥による写経は、嵯峨天皇や最澄にもみられるからである。

以上、『性霊集』には、二つの願文に『金剛般若経』を書写し、転読・講讃したとの文章をみることができた。

〔付記3〕
金泥をもって書写した金字経にかんする論考に、つぎのものがある。残念ながら、嵯峨天皇が桓武天皇の追善のために書写した金字『法華経』には、言及されていない。平安初期における金字経については、後日を期すことにしたい。村田みお「金字経の思想的系譜──中国六朝期から日本平安期まで──」『東方学報』京都　第八八冊、一五一～一八七頁、二〇一三年一二月。

おわりに

空海と『般若心経』を語るとき、忘れてならないのは、空海の母ときわめて近い出自ではなかったかと想われる阿刀宿禰《すくね》氏出身の善珠《ぜんじゅ》僧正の事績である。

善珠は、延暦十六年（七九七）四月二十一日に示寂しており、空海にとって、過去の人ではなかった。延暦十六年、空海は二十四歳であった。また善珠は、奈良時代を代表する学僧とばかり考えていたけれども、そうではなかった。桓武天皇から僧綱のトップである僧正に直任された理由が、皇太子安殿《あで》親王、のちの平城天皇の病悩を「般若の験」によって快癒させたからであった。つまり、善珠も験者《げんざ》の一人であったのである。

特に、注目したいのが「般若の験」である。「善珠卒伝」は、

皇太子、病悩の間、般若の験《げん》を施し、仍《よ》りて抽賞《ちゅうしょう》せらる。（傍線筆者）

といい（『扶桑略記抄』二〈『国史大系』第十二巻、一一二頁〉）、『七大寺年表』延暦元年（七八二）の条は、

伝に云わく。皇太子不予、井上の霊□□に依るなり。般若経を講ずるに、御悩忽《たちま》ちに癒《い》ゆ。仍《よ》って直に僧正に任ぜらる、と云云。（傍線筆者）

と記して（『仏教全書』一一一、四〇頁）、「般若経を講ずる」「般若の験」によって、皇太子の病悩がたちまちに癒えたという。

ここにいう「皇太子」とは、延暦四年十一月丁巳（二十五）日、早良親王のあとをうけて皇太子に任ぜられた安殿親王、のちの平城天皇である。「善珠卒伝」に、安殿親王が善珠僧正の像をえがかせて秋篠寺《あきしのでら》に安置したと記すことからも、善珠が皇太子の病悩を快癒させたことは信じてよいであろう。皇太子の「病悩」とは、「井上の霊□□」つまり光仁天皇の皇后・井上《いのえ》

内親王《ないしんのう》の怨霊であったと、『七大寺年表』は記す。

「般若の験」とは、『般若経』を講じたことによる霊験であると考えられるけれども、何か呪術的なことが含まれているのかどうかの詳細は明らかでない。

この「般若の験」に示唆を与えてくれるのが、善珠の弟子であった常楼《じょうろう》の「卒伝」であると考える。この「常楼卒伝」には、

【史料8】『日本後紀』弘仁五年十月二十二日条（『国史大系』第三巻、一二八頁）

尋《つ》いで弘誓願《ぐせいがん》を発して、四十年の間、法華経一十二万四千九百六十巻を転読し、兼ねて復《また》毎日般若心経一百巻・無染著《むせんちゃく》陀羅尼一百八遍を誦す。縦《たと》い造次《ぞうじ》に在りても、日科《にっか》を虧《か》くこと無し。上《かみ》恩愛に酬《むく》いて、下生霊《しもいきりょう》を済う。（傍線筆者）

とある。

これより、常楼は、二十歳で具足戒をうけてから弘仁五年（八一四）十月に示寂するまでの四十年あまり、上《かみ》は恩愛にむくいんがために、下《しも》は生霊を済わんがために、般若心経百巻・無染著陀羅尼百八遍を誦することを日課としていたことがしられる。この日課は、あるいは師善珠の影響によるものではなかったかと考えられる。特に、「下生霊《しもいきりょう》を済う」と「般若心経百

巻」は、さきの「般若の験」をとく鍵となるといえよう。

つまり、『般若心経』、なかでも特に、『心経』に説かれる呪明・陀羅尼が怨霊退散に力あるものと認識されていたことを物語るもの、とみなしておきたい。

第五章　『般若心経秘鍵』上表文が参考とした史料

はじめに

『般若心経秘鍵』巻末に付された「上表文」には、つぎのような一節があった。

①弘仁九年（八一八）の春、日本国中に疫病《えきびょう》（＝伝染病・はやりやまい）が大流行した。

②そのことに、特にお心を痛められた嵯峨《さが》天皇は、みずから紺紙《こんし》に金泥《きんでい》をもって『般若心経』一巻を書写なされた。

③それとともに、私空海に講読のときの要領にて、『般若心経』の真髄をまとめるよう命ぜられた。このとき書き留めたのが、この『般若心経秘鍵』である、と。

今上陛下は、この「疫病の大流行に際して、嵯峨天皇はお心を痛められ、みずから『般若心経』一巻を書写なされた」と記すところに注目され、六十一歳と六十二歳の誕生日の記者会見の席で、二年つづけて、嵯峨天皇の宸筆《しんぴつ》『般若心経』に言及なされたのであった。

しかるに、「上表文」は空海の作ではなく、平安時代末期・十二世紀前半ころに偽作されたものであった。その根拠は、第一章で指摘した六つの事柄と三等『蛇鱗記《だりんき》』の「七非」であった。

では、「上表文」の記述はまったくの架空《かくう》の代物《しろもの》か、といえば、そうではない。それはどういうことか。「上表文」が偽作されたとき、間違いなく、参考にしたと考えられる史料が見つかったからである。

その史料とは、弘仁九年（八一八）四月の記録と、同年四月、災いを攘うため空海に修法が命ぜられていたことである。以下に、この二つの事柄について見ておくことにしたい。

一、弘仁九年四月の飢饉・日照りの記録

正史である『日本後紀《こうき》』には、残念ながら、弘仁九年（八一八）の条は闕失している。そこで、『日本紀略』によって、同九年四月の社会不安をまねく事象を抽出すると、きわめて注目すべき事柄がみられる。それらを、つぎにあげてみよう。

【史料1】『日本紀略』前篇十四（『国史大系』第十巻、三〇六〜三〇七頁）

四月　三日　使を京畿《けいき》に遣して祈雨せしむ。

二十二日　伊勢大神宮に奉幣す。㋐又諸大寺及び畿内の諸寺・山林の禅場等をして、転経、礼仏せしむ。祈雨すればなり。

二十三日　是の日、詔して曰わく、「云々。㋑去《い》んぬる年の秋稼燋傷《しゅうかしょうしょう》して収めず。今茲《ここ》に新苗播殖《はんしょく》の望《のぞみ》絶ゆ。朕の不徳にして、百姓《ひゃくせい》何の辜《つみ》かあらん。云々。㋒今夤《つつし》みて天威を畏《おそ》れ、茲《こ》の正殿《せいでん》を避け、使を分ちて幣を走らせ、群神に偏《あまね》くせしめん。其れ朕及び后《きさき》の服御《ふくぎょ》の物并びに常の膳等、並びに宜しく省き減《へ》らすべし。左右馬寮《めりょう》の秣穀《まつこく》、一切権絶《けんぜつ》せしめん。云々。㋓仍《よ》りて左右京職《きょうしき》をして、道殣《どうきん》を収葬して、骼《しかばね》を掩《おお》い胔《し》を埋め、人民の飢困するものには、特に賑贍《しんせん》を加えしめよ。狴圄《へいご》の中、恐らく冤者《えんじゃ》有らん。宜しく所司をして慮《おもい》を申《の》べて放出せしむべし。云々」と。又詔すらく、「㋔比者《このごろ》陰陽《いんよう》候に愆《たが》い、炎旱旬《じゅん》に淹《わた》る。云々。㋕今月二十六日より起して二十八日に迄《いた》るまで、惣《すべ》て三箇日、朕及び公卿百官、一《いっ》に皆素食《そしょく》し、心を覚門に帰せん。凡そ厥《そ》の僧綱、精進して転経し、以て素懐に副《そ》え」と。

二十四日　河内国飢う。使を遣して賑給《しんごう》せしむ。

大和国吉野郡の雨師神《あましのかみ》に従五位下を授け奉る。祈雨するを以てなり。

二十六日　使を柏原山陵に遣して祈雨せしむ。

二十七日　㊄前殿に於て仁王経を講ず。旱災に縁《よ》ればなり。（〇記号・傍線筆者）

ここにあげた六日間の記事は、すべて記録的な日照りとそれに対応しておこなわれた祈雨のための奉幣、修法、講経などにかんするものであった。同年四月の記事は、これら以外には二つしかなく、いかに過酷な日照りであったかが知られる。

［付記1］

日照り以外の二つの記事とは、二十三日条の「太秦公の寺に災あり。堂塔遺るもの無し」と二十七日条の「是の日、制あり。殿閣及び諸門の号を改む。皆額に題す」である。

特に注目すべきは、二十二日と二十三日の条である。まず、後者からみておきたい。最初に「是の日、詔《みことのり》して曰わく」とあって、以下に詔勅《しょうちょく》がいくつか収録されているが、どこで切るとよいか迷ってしまう。ともあれ、七段落に分けてみていくことにしたい。

第一は、「去《い》んぬる年の秋稼燋傷《しゅうかしょうしょう》して収めず。今茲《ここ》に新苗播殖《はんしょく》の望《のぞみ》絶ゆ。朕の不徳にして、百姓《ひゃくせい》何の辜《つみ》かあらん。云々」である（傍線部㋑）。「昨年秋に稔るはずであった稲は日にやけ枯れてしまい収穫できなかった。そのため、この春の田植えは絶望的となった。それらは、朕の不徳のいたすところであり、百姓らの罪ではない」といい、社会不安をまねく事象が出来したときの常套句《じょうとうく》である「朕の不徳」をもちいて、日照りの責任が天皇自身にあることを、まず告げている。なお、前年の日照りがすさまじいものであったことは、同年三月十九日の条に、公卿たちが連年うちつづく水害・日照りによる農作物の被害が甚大なため、役人に支給される封禄の削減を上奏し、勅許されていることからも知られる。その記事をあげてみよう（『国史大系』第十巻、三〇六頁）。

壬寅、公卿奏して曰《い》わく、「頃年《としごろ》の間、水旱相続きて、百姓の農業、損害少なからず。云云。伏して望むらくは、臣下の封禄を省き、暫《しばら》く国用を助けんことを。年歳豊稔ならんには、即ち旧例に復せん」と。之を許す。

第二は、「今貪《つつし》みて天威を畏《おそ》れ、茲《こ》の正殿《せいでん》を避け、使を分ちて幣を走らせ、群神に偏《あまね》くせしめん」である（傍線部㋒）。日照りの責任をみとめた天皇は、「天帝の威をおそれて、儀式を執りおこなう正殿である紫宸殿に出御しないことを宣するとともに、祈雨のために全国の神々に奉幣することにした」という。奉幣にかんしては、二十二日の伊勢大神宮への奉幣、二十四日の大和国丹生川上社への授位、二十六日の桓武天皇の柏原山陵への使者派遣などからもうかがうことができる。

第三は、「其れ朕及び后《きさき》の服御《ふくぎょ》の物并びに常の膳等、並びに宜しく省き減らすべ《へ》し」である。「天皇・皇后がもちいる衣服の類、ならびに日々の食事などを省き減らすことにした」という。佐伯有清先生は、「水旱にさいしての形式的なものにすぎず、これによって財政を潤すものとはならなかったけれども、連年の旱魃によって国家財政が、窮迫していたさまが読み取れる」といわれる。

第四は、「左右馬寮《めりょう》の秣穀《まつこく》、一切権絶《けんぜつ》せしめん。云々」である。「左右馬寮の飼馬にあたえるまぐさや穀物は、しばらくは規定通りとしない」という。日照りの深刻さが、天皇が日常の品々を省減し、官人の封禄を削減するまでにいたっていたことからすると、当然の処置ともいえよう。

第五は、「仍《よ》りて左右京職《きょうしき》をして、道殣《どうきん》を収葬して、骼《しかばね》を掩《おお》い胔《し》を埋め、人民の飢困するものには、特に賑贍《しんせん》を加えしめよ」である（傍線部㋛）。左右京職に命じた二つのことを記している。一つは、道路で餓死したもの、すでに骨となり、また腐乱した死体を埋葬するように、とある。あと一つは、飢えのため困窮する人民に金品をあたえて不足を補わしめるように、とある。これらからは、当時の都の街なかがいかなる状態であったかをうかがいしることができよう。

第六は、「狴圄《へいご》の中、恐らく冤者《えんじゃ》有らん。宜しく所司をして慮《おもい》を申《の》べて放出せしむべし。云々」である。狴圄＝牢屋には、無実の罪で拘束されているものがいるであろう。そのものには、所管の役人が理由をのべて放出しなさい、という。

第七は、「又詔すらく、「比者《このごろ》陰陽《いんよう》候に愆《たが》い、炎旱旬《じゅん》に淹《わた》る。云々。今月二十六日より起して二十八日に迄《いた》るまで、惣《すべ》て三箇日、朕及び公卿百官、一《いつ》に皆素食《そしょく》し、心を覚門に帰せん。凡そ厥《そ》の僧綱、精進して転経し、以て素懐に副《そ》え」」である（傍線部㋔㋕）。「このところ天候不順のため、日照りが十日以上も続いている。そこで、来る二十六日から二十八日までの三日間、朕をはじめ公卿から下々の役人にいたるまで、もっぱら素食につとめ仏の教えに帰依するように。僧綱は精進・転経し、朕の想いを助けてほしい」と要請している。

これらから窺えることは、一つは数年にわたる飢饉により困窮している人々の姿であり、いま一つは、飢饉に対して「朕の不徳にして」といい、人々の苦しみを除去すべく、天皇みずからが質素な生活にあらため、奉幣・修法・講経などによって神仏の加護をねがい、行倒れの者を埋葬し、貧民に賑給し、無罪で捕らわれている者（＝冤罪者）を釈放するなど、あらん限りの手を打とうとする天皇の姿である。

つぎに、二十二日の条をみておきたい。いま一度本文をあげると、伊勢大神宮に奉幣す。又諸大寺及び畿内の諸寺・山林の禅場等をして、転経、礼仏せしむ。祈雨すればなり。

とあり、祈雨のために、伊勢大神宮に奉幣するとともに、諸大寺および畿内の諸寺・山林の禅場等において転経・礼仏を命じたのであった。ここに、「諸大寺」と「畿内の諸寺・山林の禅場等」が書きわけられているので、「諸大寺」とは「全国の諸大寺」であろう。

ともあれ、「転経・礼仏」を命じた場所に注目してみたい。すなわち、「全国の諸大寺、ならびに畿内の諸寺と山林の禅場等」とあって、具体的な寺院名は記されていないけれども、特に、畿内の「山林の禅場」に注視したい。なぜなら、このとき、最澄《さいちょう》に墨勅《ぼくちょく》（＝天皇宸筆のみことのり）をもって礼仏が命ぜられていたからである。つぎに、嵯峨天皇の墨勅とそれに対する最澄の対応をみておきたい。

二、最澄への墨勅と比叡山寺における修法

1、藤原冬嗣の書状と最澄の返書

最澄の愛弟子・光定《こうじょう》が撰述した『伝述一心戒文《でんじゅついっしんかいもん》』によると、弘仁九年（八一八）四月の転経・礼仏は、最澄にも命ぜられたことをしりうる。第一報は四月二十一日、左近衛大将の藤原

冬嗣から最澄にあてた書状であった。そこには、

【史料2】『伝述一心戒文』巻上（『伝教大師全集』巻一、五三二頁）

必ず苦しむ者は人なり。必ず救う者は仏なり。況んや近ごろ亢陽《こうよう》時を失し、稼苗《かびょう》悉く彫《いた》み、倉庫已に尽けり。何を以てか他を利せんや。惟《ただ》、澄上人は、円教を宗と為し、常に平等試を修し、一念に住して、彼の真聖《しんしょう》を驚かせり。則ち甘露降る可し。百草皆滋《しげ》らん。不宣。（傍線筆者）

とあって、尋常でない日照りに際して、最澄に祈雨が要請された。最澄は同月二十三日、受諾する旨の返書をしたためて、還使《かんし》、すなわち手紙を持ちきたった使者に託したのであった。その返書をあげておく。

【史料3】『伝述一心戒文』巻上（『伝教大師全集』巻一、五三三頁）

慈《じ》は以て楽を与うるなり。悲《ひ》は以て苦を抜くなり。此の心、此の念、時として憶《おも》わざること無し。昨年よりの亢陽《こうよう》、慈悲の念、常に痛み、常に悩む。但《ただ》、我が主上、金色の兆《しるし》、民を一子《いっし》のごとくに育《はぐく》み、帝尭《ていぎょう》の治、徳を万代に垂れり。旱を救うの要方は、諸仏の説

く所なり。貧道、不才なりと雖も、深く仏力に憑《たの》む。雨を祈るの状、尋《つ》いで将に奉陳せんとす。謹んで還使《かんし》に奉《ぶ》して将《もっ》て状す。不宣。謹んで状す。（傍線筆者）

2、嵯峨天皇の墨勅と最澄の上表文

ここにあげた藤原冬嗣からの書状のほかに、嵯峨天皇真筆の勅書＝墨勅をもって、最澄に転経・礼仏が命ぜられたことを記すのは、二十六日から三日間の転経を終え、新たに金泥をもって書写した『仁王護国般若経』を献上するときに添えられた、最澄の上表文である。その全文を七段落に分かってあげてみよう。

【史料4】『伝述一心戒文』巻上（『伝教大師全集』巻一、五三七〜五三八頁）

①沙門最澄言《もう》す。

②伏して今月二十二日の墨勅を奉《うけたまわ》るに、「今月二十六日自《よ》り起《はじ》めて、二十八日に迄《いた》るまで、摠《そう》じて三箇日、朕《われ》及び公卿百官一《いっ》に皆素食して、心を覚門に帰す。宜しく精進・転経し、以て素懐を副《たす》くべし。」と。

③最澄は、行《ぎょう》、精修《しょうしゅ》に闕き、口、天旨を荷《にな》う。竊《ひそ》かに以《おも》んみれば、五濁の世、聖人、居し難く、三災の時、人天、倶に痛む。是の故に、月光、利見して、護国の法を講じ、法王、

慈悲して、除難の法を開《の》ぶ。内に五忍の密網を張り、外に七難の大賊を防ぐ。④是《ここ》を以て、㋐天台の末学最澄等、般若を金字に写し、智剣を階下に献ず。誠に願わくは深宮に安置して、朝夕に孝礼し、前に幸行《こうぎょう》に導き、遊方《ゆほう》に衛《まも》ることを為さん。⑤即ち㋑二十六日、山寺の一衆を率い、頭を分ちて転経を修む。岫雲《しゅううん》峰に走り、炎霞消散し、細雨陰澍《いんじゅ》し、日色本《にっしょくもと》に復す。⑥伏して惟《おもん》みるに、㋒陛下の智慮真正にして、邪道に拘《かか》わらず、慈忍世に超えて、賞罰道に順じ、聖徳天を動かし、天沢《てんたく》即ち降る。㋓豈《あに》、最澄は微物《びぶつ》にして情誠感通ならんや。且《か》つ慶び抃躍《べんやく》の至に任《た》うること無し。⑦謹んで㋔弟子一乗定《じょう》を遣わして、宝経を献上し、以て聞す。沙門最澄誠恐謹言。

（○番号・○記号・傍線筆者）

この上表文には、注目すべき点が五つある。第一は、二十二日付で最澄にあてて出された墨勅のほぼ全文が②に引用されていることである。内容は、さきにあげた『日本紀略』弘仁九年四月二十三日条と同じであり、二十六日から二十八日までの三日間、朕をはじめ公卿・百官はすべて素食につとめ仏の教えに帰依するので、精進・転経して、朕の素懐を助けてほしい、というものであった。

第二は、④に「天台の末学最澄等、般若を金字に写し、智剣を階下に献ず」（傍線部(あ)）とあって、叡山であらたに金泥をもって『仁王護国般若経』が書写されたことである。帰国したばかりの最澄は、延暦二十四年（八〇五）七月十五日、弟子の経珍を使いとして、金字の法華経七巻・金剛般若経一巻・菩薩戒経一巻・観無量寿経一巻の計十巻などを「進官表」とともに奉進しており、金字の写経に特別のおもいを持っていたことがわかる。

第三は、⑤に「二十六日、山寺の一衆を率い、頭を分ちて転経を修む」（傍線部(い)）とあって、二十六日からの三日間、叡山一山の衆僧をひきい、頭を分担して転経したことをしりうることである。その結果、山から雲がわきあがって、熱気を消しさり、細雨がふりそそいだので、太陽も本来の色に復したという。光定は別のところで、「三日のあいだ、甘雨の法を修した。細雨はあったけれども、大雨は降らなかった」（趣意）と記している（『伝述一心戒文』巻上）。

また、

【史料5】『伝述一心戒文』巻上（『伝教大師全集』巻一、五三六頁）

彼の時、夜通《よもすがら》、三尊を念じまつる。(か)護命僧都、四十の大徳を率い、仁王経を講ず。彼の四日の中に、甘雨降らず。(き)五日早朝、大いに甘雨降る。光定、相《ともども》に大いに賀《よろこ》ぶ。

（〇記号・傍線筆者）

といい、五日目の早朝に大雨がふったことを記している（傍線部㋖）。なお、僧綱所では、その上首・護命大僧都が四十口の僧をひきいて『仁王経』を講じたという（傍線部㋕）。この記録は、『日本紀略』四月二十三日の条に、精進・転経を僧綱に命じていることと符合するものである。

第四は、細雨が降ったことに対して、「聖徳天を動かし、天沢《てんたく》即ち降る」と記し（傍線部㋒）、と天皇の聖徳が天を動かしたからに外ならない、といい、決して最澄の力ではない（傍線部㋓）と天皇の徳を讃える語句が見られることである。嵯峨天皇は、最澄の示寂を悼み「澄上人を哭《こく》す」の詩を呈するなど、両者のあいだではたびたび漢詩がやり取りされており、緊密な間柄であったことがこの上表文からもうかがえるのである。

第五は、金字の宝経とこの上表文は弟子の光定を使者として献上されたことである（傍線部㋔）。光定は、このことを別のところで、

先師の表を、弁の尊《みこと》に上《たてまつ》る。則ち光定を将《ひき》いて、内裏に参らしむ。良岑《よしみね》大弁、先師の表を達す。

と記している（『伝述一心戒文』巻上）。これによると、光定はまず右大弁であった良岑安世のもとを訪ね、ついで、安世にともなわれて参内し、最澄の上表文と金字の『仁王経』を嵯峨天

皇のもとに奉ったのであった。

光定とともに天覧をおえた良岑安世は、天覧の様子を記し、あわせて引きつづき祈雨に配意してほしい旨の手紙を最澄に送っている。すなわち、

【史料6】『伝述一心戒文』巻上（『伝教大師全集』巻一、五三八頁）

献ずる所の仁王経来《いた》りて、(あ)即ち覧せ奉る。和尚の意に随って、敢て蹔離《ざんり》せず。惟之《ただこれ》を悉《し》られよ。幸甚、幸甚。(い)此来《このごろ》祈る所の雨、已《すで》に感応を得たり。是れ即ち和尚の戮力《りくりょく》の致す所なり。(う)但《ただ》恐るらくは伝施《でんせ》の潤い、旬日に盈《み》たざることを。冀《ねが》わくは護念を致して、念力を怠らざることを。不宣、謹んで状《しる》す。（○記号・傍線筆者）

とある。傍線部(あ)は、天覧の模様である。「敢て蹔離《ざんり》せず」とは、天皇が最澄の意をくんで、しばらくのあいだ『仁王経』から離れようとしなかった、はなそうとしなかったとの意であろうか。つづく(い)では、降雨をみたのは最澄の協力のたまものであったと、最澄を讃えている。さいごの(う)では、雨が降ったとはいえ、その潤いは十日とはもたないので、引きつづき護念を怠らないでほしい、といっている。

これら祈雨にかんする一連の動きをみていると、最澄の外護者として藤原冬嗣と良岑安世の

姿が鮮明にうかびあがってくる。また一方で、この二人を介して、嵯峨天皇と最澄との緊密な関係もみえてくるのであった。

3、二十六日付の最澄敬白文

時間が前後するけれども、三日間の転経をはじめるにあたって読まれた最澄の「願文」が、同じく『伝述一心戒文』に収録されているのでみておきたい。なぜなら、祈雨法を修するのは「一霊の苦を抜済せんがため」であると明記され、これらの日照りがある怨霊の所為によるものであるとの噂が、取りざたされていたことをしりうるからである。

「願文」は、「弘仁九年四月二十六日五更、国主を資《たす》け奉《たてまつ》らんがために、発願す」ではじまり、ついで「帰敬《ききょう》の文」を記す。「帰敬」は三つにわかれ、『金光明経』『仁王経』『法華経』を、それぞれ九院を定めて長講して、十方一切常住の三宝に帰命する、という。ここで留意すべきことは、長講の対象である。

すなわち、第一では「一切の天神地祇を資《たす》け奉り、恨怨《こんえん》を起こす神祇等の、苦を離れ楽を得せしめん」がために『金光明経』を、といい、第二では「一切の国裏の百部鬼神等を抜済して、苦を離れ楽を得せしめん」がために『仁王経』を、という。そして、第三では「大日本国の開《かい》闢《びゃく》以来の一切国主の御霊《みたま》、延暦以前の一切の皇霊、並びに平崩・怨薨《えんこう》の王霊、臣霊、比丘霊、比丘尼霊、優婆塞霊、優婆夷霊、賢霊、聖霊及び六道四生受苦の一切龍鬼等の霊を資《たす》け奉《たてまつ》り、永く三界を出て、皆悉く成仏せしめん」がために『法華経』を、という。

整理すると、一つには一切の天神地祇と恨怨を起こす神祇、一切の国裏の百部鬼神等に苦を離れ楽を得せしめるためであるといい、一つにはわが国歴代の天皇の霊・皇族の霊をはじめとする一切の霊——怨みをもって死んだ霊も含まれる——を成仏せしめるためであるという。ここで最澄が、わが国のすべての神々と鬼神、すべての霊魂を対象としていることに、一種の驚きと興味をいだかされるのである。

つぎに、祈願の対象を「敬白」と書きだし、具体的に三条あげている。もっとも注目すべきは、第二条である。それは、あたかも記録的な旱魃は二つの怨霊の仕業であるかのごとき語句がみられるからである。その全文をあげると、

【史料7】『伝教大師全集』巻一、五三五頁

敬《うやま》って、同法宏勝の霊、及び同法命延の霊、乃至(あ)一切の怨恨《えんこん》の霊に白《もう》さく。諦《さと》りて般若甚深の法を聴かば、五蘊皆空ならん。何の恨《うら》みをか用いん。三科十二四諦も空ならん。無所得・無碍を以てなり。(い)怨《えん》を以て怨に報いれば、怨は止まず、徳を以て怨に報いれば、怨は即ち尽く。長夜の夢裏の事を恨むこと莫かれ。法性真如の境を信ず可し。(う)我れ今、

二霊の苦を抜済し、速やかに無上の安穏楽を証ぜしめん。七難の苦を消除し得んことを願い、二霊に倶《とも》に一円の行を修せしめ、同《とも》に一乗の宝車に登りて、仏位に遊ばしめん。㋓二霊の奉為《おんため》に、新たに一乗妙蓮華経を書写し、開講供養し、種々福相資して、二霊倶に仏と成したてまつらん。

（○記号・傍線筆者）

とある。「一切の怨恨《えんこん》の霊」（傍線部㋐）に対して、「怨《えん》を以て怨に報いれば、怨は止まず、徳を以て怨に報いれば、怨は即ち尽く」（傍線部㋑）といって、儚《はかな》い現世でのことを永く恨《うら》まないでほしいという。そうして、「我れ今、二霊の苦を抜済し、速やかに無上の安穏楽を証ぜしめん」（傍線部㋒）といい、さいごに二霊を成仏せしめんがために、新たに『妙法蓮華経』を書写し、講説供養するのだ（傍線部㋓）という。

これより、弘仁九年四月の時点で、打ち続く日照りは怨恨をいだいて亡くなった二つの霊によると認識されていたことは間違いない。では、二つの怨恨の霊とは誰か。佐伯有清先生は、二霊とは『日本紀略』弘仁十年三月二十一日条に、

詔《みことのり》すらく「朕思う所有り。宜しく故皇子伊予・夫人藤原吉子等の本位・号《ごう》を復せしむべし」と。

と記された、伊予親王とその母藤原吉子であったとみなしている。

この二人は、大同二年（八〇七）十一月六日、謀反《むほん》の罪で川原寺《かわらでら》に幽閉され、六日後の十二日に、毒をあおいで亡くなったのであった。その当時から、無実の罪を着せられて命を落とした、と噂され、その後惹起する天変地異に際して、常に怨霊として取りざたされたのであった。私も、二霊とは伊予親王とその母吉子であったとみなしておきたい。

三、空海への修法依頼

実はこの弘仁九年（八一八）の四月、空海にも修法の依頼があったと考えられる史料が伝存する。それは、『高野雑筆集』所収の吏部次郎《りぶじろう》、すなわち式部大輔《たいふ》にあてた、災禍を未然に防ぐために修法を命ぜられ、その修法にたずさわる僧名と必要な文具などを書き送ったものに添えた書簡である。残念ながら、いつ書かれたか、詳細は不明である。ともあれ、私に三段落にわかって書き下し文をあげてみよう。

【史料8】『高野雑筆集』巻上（『定本全集』第七巻、一一四～一一五頁）

①昨日諸公、松巌《しょうがん》を尋ぬることを労《いたつかわ》し、辱《かたじけな》くも文華《ぶんか》を恵まる。別後披諷《ひふう》して、人を思うこと已《や》まず。覚えずして口号《くごう》し、紙に報書したり。惟《おもう》に誦看《じゅかん》を垂《た》れよ。

②あ昨日命ずる所の修法の人名及び支具の物、具《つぶさ》に録して馳上《ちじょう》す。望むらくは早く垂送《すいそう》せんことを。幸甚、幸甚。

③又《また》先に許すに更に山門を尋ねて、切《ねんごろ》に面諮《めんし》する事有らんと。両三日の後に、亦馬蹄《またばてい》を降《くだ》されよ。い災を未兆《みちょう》に防ぐは、聖賢の貴ぶ所、患《わざわい》至りて乃《すなわ》ち悔《く》ゆるは、是れ則ち愚《ぐ》なり。賊を防ぎ火を防ぐに、何ぞ遅怠《ちたい》すべけん。惟《こ》れ垂察《すいさつ》せられよ。委曲は面申《めんしん》せん。不宣。沙門遍照状上す。

吏部次郎閣下　謹空

（○番号・○記号・傍線筆者）

この書状の主眼とするところは、

第一は、傍線部あに「昨日命ずる所の修法の人名及び支具の物」とあり、いに「災を未《み》兆《ちょう》に防ぐは、聖賢の貴ぶ所」とあって、攘災のために修法を依頼されていたこと、

第二は、「昨日諸公、松巌《しょうがん》を尋ぬることを労《いたつかわ》し、辱《かたじけな》くも文華《ぶんか》を恵まる」とあって、何人かが連れ立って山房を訪ね、詩文を賜ったこと、

第三は、最後に「吏部次郎閣下」とあって、吏部次郎＝式部大輔にあてた手紙であったこと、

の三つである。したがって、この書状のあて先・書かれた年次を推察する場合のキーワードは、吏部次郎・攘災のための修法・山房の三つである。

では、この書状はいつ・誰にあてたものであったか。先行研究を整理すると、

弘仁元年、笠仲守あて説……………………勝又俊教・高木訷元①・②・③

同元年九月〜同二年十月、藤原冬嗣あて説　…高木訷元②・③

同九年、藤原三守あて説…………………………高木訷元③

同十年五月、藤原三守あて説……………………西本昌弘

の四説がみられた。このなか、従来の説を逐一検討してそれらを退け、新しい説である弘仁十年五月説を提唱したのが西本氏であった。その西本説の根拠は、つぎの三つである。

①三守は、『公卿補任』によると、弘仁五年正月二十二日に式部大輔となり、同八年から十二年まで式部大輔であったこと。

②この書状の差出し人の「沙門遍照状上」は、同じものが『高野雑筆集』に三通みられ、そのうちの一通は弘仁十年五月前後のものである。よって、この書状もそのころのものと考えてよいであろう。

③弘仁十年には、旱魃が深刻化し、祈雨がさかんに行われていたから、この書状にいう修法はそのことと関連するとみなされた。

結論として、三守は空海のもとにしばしば足を運び、漢詩文を贈ったり、修法のことについて面談したりするなど、頻繁な交流をもっていた、とみなされたのであった。

この西本説に対して、私は二つの疑義をいだく。その第一は、西本氏のいう弘仁十年五月の書状であったとすると、なぜ、この当時、三守が持っていた最高の肩書き「春宮大夫」ではなく、「式部大輔」を用いたのか、についての説明がない点である。半年前の弘仁九年十二月十日付とみなしうる書状の宛名は、まさに「東宮大夫相公閣下」と、「春宮大夫」が用いられていた。ちなみに、弘仁十年五月の時点で、「従四位下」であった三守がおびていた官職はつぎの通りであった（（　）は相当位階）。

参議・春宮大夫（従四位下）・式部大輔（正五位上）・左兵衛督（従五位上）

第二の疑義は、弘仁十年五月、空海はどこで何をしていたのか、このことへの言及がまったく見られない点である。弘仁十年八月十三日に書いたとみなされる書状によると、空海は前年の十一月からこの年の七月ころまで、高野山に滞在していたようである。その書状には、

【史料9】『高野雑筆集』巻上（『定本全集』第七巻、一一二頁）

仲秋已《すで》に涼し。伏して惟《おもんみ》れば、動止万福なりや。㋐空海、前年禅菴を造らんが為に、且《しばら》く南嶽に向かう。事早々なるに縁って消息を奉らず。悚息《しょうそく》何をか言わん。㋑今勅徴《ちょくちょう》に随

って来って城中に入れども、就いて謁《まみ》えるに由無し。悚歎《しょうたん》極めて深し。体察せよ。幸甚々々。（以下略）
（○記号・傍線筆者）

とあって、前年から禅庵をつくるために高野山にでかけていたこと（傍線部㋐）、ただいま勅命により都に帰ってきたけれども、なかなか拝謁がかなわない（傍線部㋑）と、無礼をわびている。前年の十一月からの高野山滞在中、空海はわが国初の密教寺院を建立するにあたって、伽藍配置をきめ結界の法を修するなど、寧日なき日々を送っていたと推察される。

この当時の高野山は、やっと雨露をしのげるだけの草庵はあったとしても、京都からは遠隔の地であったこと、八五〇メートルの山上にあって簡単にたどり着ける場所ではなかったことを考えると、西本氏のいわれる「空海のもとにしばしば足を運び、漢詩文を贈ったり、修法のことについて面談したり」が、簡単にできる場所ではなかった。書状には「何人かが連れ立って山房を訪ね、詩文を賜った」「先般、再びこの山房に来られて、懇ろに面談して相はかることを承知されましたが、二・三日後にはまたお越しください」等とあって、三守は頻繁に空海のもとを訪ねていたようである。西本氏がいわれる弘仁十年五月ころ、三守が住んでいた京都と空海のいた高野山とのあいだで、「二・三日後にはまたお越しください」などといえたであろうか、疑問なしといえない。

三守に出した書状とみなすならば、三守が「式部大輔」に任ぜられた弘仁五年（八一四）正月二十二日からこの職を辞した同十二年正月までの期間で、しかも、「式部大輔」が最高の肩書きであった時期を中心に、いま一度、検討する必要があるのではないか。三守が「春宮大夫」に抜擢されたのは弘仁九年六月十六日であったので、それ以前となる。そうして、特に留意すべきは「攘災のための修法を依頼されていたこと」であろう。つまり、災厄と修法をキーワードとして見直すべきであろう。

そこで、「京都から頻繁に訪ねられる」「攘災のための修法」「春宮大夫に就任する前」などを勘案するならば、弘仁九年の四月、高雄山寺において書かれた書状であると、私は考える。

ここで、西本氏のいわれる弘仁十年五月前後の旱魃と祈雨の事例と、私が考える弘仁九年四月の日照りと祈雨の事例とを対比してあげてみたい。

表六、弘仁九年・十年の日照りと祈雨

武内指摘の**弘仁九年四月**の日照りと祈雨	西本氏指摘の**弘仁十年五月**の旱魃と祈雨
4・3京畿にて祈雨す	7・2祈雨のため丹生川上雨師神に黒馬を奉納
4・22祈雨にため伊勢に奉幣し諸大寺、畿	7・17伊勢大神宮と大和大后山陵に奉幣し祈雨

7・18 十三大寺と大和国定額寺において大般若経を転読し、甘雨を祈らせた	内の諸寺・山林の禅場等にて転経・礼仏す
7・ 「是月、夏より雨ふらず、諸国の害を被る者　衆し」とあり、旱魃が深刻化し祈雨が盛んにおこなわれていたことがわかる	4・23 来る二十六日から三日間、僧綱に転経せしむ 4・24 大和吉野の雨師神に従五位下を授く 4・26 柏原山陵に祈雨す 4・27 旱災のため、前殿にて仁王経を講ず

西本氏のあげる祈雨の事例は、空海が手紙をかいたとみなす五月から二ヶ月あまり後のものばかりであり、「昨日命ずる所の修法の人名及び支具の物」とは直接むすびつかない。それにひきかえ、先に詳述した弘仁九年四月の連年にわたる甚大な日照りとその対応に苦慮する朝廷のうごきには、尋常でないものが感じられたのであった。特に、「諸大寺、畿内の諸寺・山林の禅場等」に転経・礼仏が命じられ、叡山にいた最澄にもこのことが墨勅でもって命ぜられていた。

以上より、「吏部次郎」あての書状は、弘仁九年四月下旬、高雄山寺において藤原三守にあてて書かれたとみなしておく。

［付記2］

「吏部次郎」あて書状は、いつ・誰にあてて書かれたか、のところで提示した先行研究は、以下の三氏の論考である。（一）勝又俊教編修『高野雑筆集』（『弘法大師著作集』第三巻、五一三～五一四・六六四頁）。（二）①高木訷元『弘法大師の書簡』九二～九四頁）、②高木訷元訳注『高野雑筆集』（『弘法大師空海全集』第七巻、七九～八〇頁）、③高木訷元『空海と最澄の手紙』八二～八三頁。（三）西本昌弘「『高野雑筆集』からみた空海と藤原三守の交流」（『古代史の研究』第十三号、四五～四八頁）。

四、『般若心経秘鍵』上表文が参照した事跡

「吏部次郎」あて書状は、弘仁九年（八一八）四月、前年からつづく記録的な日照りを除かんとして、諸大寺ならびに畿内の諸寺・山林の禅場等に命じて大々的におこなった転経・礼仏に際してのものと考えられた。

一方、『般若心経秘鍵』上表文は、「大疫」の事実は確認できなかったけれども、数年前から

社会不安をまねく日照りなどの天変地異が頻発し、深刻な状態であったことはまちがいなく、それらのことを踏まえてかかれたとみなすと、俄然、真実味をおびてくる。つまり『秘鍵』上表文は、空海に攘災のための修法が命ぜられたことを踏まえて偽作されたのではなかったか、と考えられる。つぎに、このことを見ておきたい。

そこで、『秘鍵』上表文の内容と、偽作するに際して参考にしたと想われる弘仁九年四月の一連の事跡などを対比して列挙してみたい。

第一は、上表文の「時に弘仁九年の春天下大疫す」である。少なからず影響を与えたのは、『日本紀略』弘仁九年四月二十三日条にいう、①昨年秋の不作により今年の田植ができなくなったこと、②天候不順のため十日以上つづいている記録的な日照り、③左右京職に命じて道路に累々としていた行倒れ者を埋葬させたこと、などである。特に「道殣《どうきん》を収葬して、骼《しかばね》を掩《おお》い胔《し》を埋め」は、「大疫」のイメージ化に大きく貢献したといえよう。今一つは、旱魃につづく同年七月の東国をおそった地震をうけて出された、同年九月十日の、「昔天平の年も亦《また》斯《こ》の変有り。因《よ》りて疫癘《えきれい》を以て、宇内凋傷《うだいちょうしょう》す。前事忘れず」との詔である。数年来の諸々の災害は、天平の昔を想起させるものとして受け取られていた。翌九月十一日には、疫癘を除くために伊勢大神宮に幣帛が奉られたことも参考になったであろう。

第二は、「疫病の大流行に心を痛められた嵯峨天皇は、みずから紺紙に金泥をもって『般若心経』一巻を書写なされた」である。直接的には、記録的な日照りにより、田植ができない現状に対して心を痛められた天皇が、「諸大寺及び畿内の諸寺・山林の禅場等をしての転経、礼仏」と僧綱に紫宸殿での転経を命じたことであった。間接的には、最澄が金泥でもって『法華経』を新写したこと、嵯峨天皇が天長二年（八二五）と同三年の二度、桓武天皇のために金字の『法華経』を書写し供養していることも、ヒントになったのではなかったかと考える。

第三は、「私空海に講読のときの要領にて、『般若心経』の精髄をまとめるよう命ぜられた」である。藤原三守にあてた書状に記す「攘災のために修法を命ぜられていたこと」、および四月二十二日条に「諸大寺及び畿内の諸寺・山林の禅場等をしての転経、礼仏」を命じていることである。何よりも、空海著『般若心経秘鍵』が伝存していたことである。

上表文は、そのものを空海の真撰とみなすことはできないけれども、右にみたように、記録的な日照りとそれに対して出された詔勅、ならびに空海への攘災のための修法依頼の書状等にもとづいて、後世に偽作されたことはほぼ間違いない、といえよう。

おわりに

「時に弘仁九年の春天下大疫す」ではじまる『般若心経秘鍵』上表文は、弘仁九年春、つまり一月から三月にかけて、「大疫」の事実が確認できないことから等閑に付されてきたけれども、数年来うちつづく記録的な水害・地震・日照りなどをうけて、弘仁九年四月にだされた転経・礼仏等の詔勅がヒントとなって偽作されたとみなした。

もし、この推察が首肯されるならば、弘法大師＝空海をめぐる伝説・伝承は、まったくの荒唐無稽なものではなく、その根底に、話の核となった空海の事績が必ず見いだされるのである。そのもっとも顕著な例は、高野山の開創にまつわる飛行三鈷《ひぎょうのさんこ》と地主の神・丹生都比売命《にうつひめのみこと》からの高野山譲渡説であると考える。伝説・伝承の裏にかくされた空海の事績を推理することも、真実の空海を発見する一つの方法といえよう。

〔付記3〕

空海をめぐる伝説・伝承は、まったく荒唐無稽のものではない顕著な例として、高野山開創にまつわる「飛行三鈷」と「高野山譲渡説」をあげた。これらの伝説・伝承と、その根底・話の核となった空海の事績について、少し記してみたい。

空海をめぐる伝承・伝説のなかで、もっとも人口に膾炙しているものの一つが、高野山の開創にまつわる「飛行三鈷（三鈷の松）伝説」と地主の神・丹生都比売命からの「高野山譲渡説」である。

「飛行三鈷伝説」とは、弘法大師は唐からの帰りの明州の浜で、おもむろに懐から三鈷杵を取りだし

「密教を弘めるに相応しいところがあれば、教えたまえ」と祈念して、日本に向けて投げあげた。帰国後十年の弘仁七（八一六）年四月、唐から投げた三鈷杵のありかを探して大和国宇知郡（奈良県五條市）を通りかかった大師は、一人の猟師に呼びとめられた。猟師は「われは南山の犬飼である。その場所をしっている。お教えしよう」といい、道案内のため、連れていた二頭の犬を走らせた。紀ノ川のほとりで一人の山人と出会い、この山人の案内で高野山にいたった大師は、この地が伽藍建立に最適なることをしった。そのとき山人は「私はこの山の王である。勝れた菩薩にお逢いすることができ、とても嬉しい。人間世界のことには疎いので、この地をすべて献上し、あなたをお助けしましょう」と語り、大師に高野山を譲った。譲られた大師は、天皇から高野の地を下賜され、伽藍建立のため山上で樹木を切り払っていたとき、一本の木（のちに松の木に特化され、三鈷の松と称され）に挟まっている三鈷杵を発見し、地主山王の語ったとおり密教相応の地たることを確信したとある。この話の初出は、康保五年（九六八）ころ成立した『金剛峯寺建立修行縁起』であり、ここにはすでに、「飛行三鈷伝説」に山王からの譲渡説が合体した形で語られている。

ところで、『同縁起』にはもう一つ「高野山譲渡説」が記される。大師がはじめて高野山に登ったとき、山麓に鎮座する山王丹生大明神社で一夜を過ごしたところ、巫女を通じて「私は神道にあって、ずっと幸福を願っていた。いま菩薩に出逢うことができ幸いである。そこで、応神天皇から賜った万許町の地を未来永劫に献上し、私の真心を表したい」と託宣し、紀州の北半分にも相当する広大な土地を大師に譲渡したとある。

これらの伝説・伝承が記された最古の史料は、康保五年の『金剛峯寺建立修行縁起』であり、これにつづくのが十二世紀前期に成立した『今昔物語集』である。よって、後世に創作された物語であることは間違いない。

では、これらの伝説・伝承の核となった空海の事績とはなにか。ここでは、結論だけを記しておくことにしたい。「飛行三鈷」と「三鈷の松」の話の根底となったのは、高野山開創の契機となった、帰国の際の漂蕩する船上で立てられた一つの小願であった。それに、山上にあった「山の神の神木」、つまり神霊がやどる依代《よりしろ》となっていた松の木。この二つが核になり、高野山の開創を神秘化し強烈な印象をあたえるために、あえて荒唐無稽とも想われる、唐土から投げた三鈷杵を高野山で発見した、との話が仕立てあげられたと考える。

地主の神・丹生都比売命からの「高野山譲渡説」は、①空海によって開創される以前から丹生都比売命が山上に祀られていたこと、②高野山一帯は、丹生都比売命を祭祀していた丹生氏の狩猟の場でもあったこと、③高野山の伽藍建設には、その当初からこの丹生氏の物心両面にわたる援助をうけていたこと、この三つを核として、十世紀の後半に創られた伝承であった。百年以上にわたる丹生一族の貢献にたいする感謝・報恩のために創作された、とみなしておきたい。

詳細は拙著『弘法大師　伝承と史実—絵伝を読み解く』を参照いただきたい。

あとがき

『般若心経秘鍵』の巻末に付された上表文が後世の偽作であることは、一九七八年に発表した「『般若心経秘鍵』撰述年代考」で、すでに指摘していた。その時点では、上表文にいう、疫病の大流行に心を痛められた嵯峨天皇が金泥でもって書写されたと伝わる大覚寺秘蔵の宸翰『般若心経』が、十三世紀以降、疫病などの災厄に霊験あらたかな経典として、これほどまでに注目を集め、信仰の対象となっていたとは考えおよばなかった。

なかでも、嵯峨天皇宸翰の『般若心経』には、『心経』本文の文字と表紙見返しの薬師三尊の画像に切りとられた痕跡があり、それらは水に浸し薬として服用したからであったと記す『実隆卿記』には驚嘆させられた。それとともに、ある記憶がよみがえってきた。それは、小学生のころ、田舎の小さい寺の住持をしていた父が、梵字を書いた紙片を丸めて護符を作っていた姿である。昭和の時代にも、経典の文字・梵字などを水に浸して服用する習慣が残っていたのであった。

それはともあれ、本書では嵯峨天皇宸筆の『心経』をはじめとする「勅封心経」が、疫病や大飢饉に際して、また天皇をはじめ皇族方の御不例に際して、御所に運ばれ天覧・頂戴されていた二十八例を紹介できたことを多としたい。

しかるに、残された課題も少なくない。三つ記しておきたい。第一は、本書で比較的詳しく論じることができた永禄四年（一五六一）九月日までの十一例についてである。卒爾にまとめたこともあり、手許にあった史料だけしか使用していないことである。今後は機会をみつけて関連史料にあたり、より詳細かつ充実した内容にしていきたい。第二は、十二例から二十八例までの江戸時代の事例についてである。本書では眼にすることができた唯一の史料『心経御開封略記』にもとづいた報告しかできなかった。この『御開封略記』は、大覚寺に伝来する筆写本で、東京大学史料編纂所に架蔵されている影写本を使用した。機会があれば、全文の翻刻をおこなうとともに、関連する史料の発掘をおこない、内容の充実をはかりたい。第三は、第三章の補遺で紹介した「勅筆心経開封目録」並びに「封紙花押」に記された事例について、さらなる検討を加えるとともに、二十八例以外の天覧・頂戴の事例発掘にも努めたいと考える。

本書を刊行するにあたっては、春秋社編集部の豊嶋悠吾氏に大変お世話になった。心から感謝御礼申しあげる。

令和四年霜月八日　武内孝善　誌す

参考文献

赤尾栄慶　二〇〇八年　大覚寺の般若心経―天皇と貴紳の祈り　『大覚寺』（古寺巡礼京都28）淡交社

小田慈舟　一九二五年　勅封心経について　『密宗学報』第一四一号

勝又俊教　一九七三年　「高野雑筆集」（訓読・註）『弘法大師著作全集』第三巻、山喜房佛書林

川嶋将生　一九八〇年　大覚寺文書　解説　『大覚寺文書』下巻、大覚寺

――　一九九二年　大覚寺の歴史　『嵯峨御所　大覚寺の名宝』（図録）京都国立博物館

京都国立博物館　一九九二年　『嵯峨御所　大覚寺の名宝』（図録）京都国立博物館

佐伯有清　一九九八年　『最澄と空海―交友の軌跡―』吉川弘文館

下坂　守　一九九二年　（大覚寺）書籍（解説）『嵯峨御所　大覚寺の名宝』（図録）京都国立博物館

高木訷元　一九八一年　『弘法大師の書簡』法藏館

――　一九八四年　「高野雑筆集」（訳注）『弘法大師空海全集』第七巻、筑摩書房

――　一九九九年　『空海と最澄の手紙』法藏館
武内孝善　一九七八年　『般若心経秘鍵』撰述年代考　『高野山史研究』第二号
――　二〇〇八年　『弘法大師　伝承と史実―絵伝を読み解く―』朱鷺書房
――　二〇〇八年　大覚寺の歴史　『大覚寺』（古寺巡礼京都28）淡交社
――　二〇一五年　『般若心経秘鍵』上表文攷　『空海伝の研究―後半生の軌跡と思想―』吉川弘文館
――　二〇一五年　空海と田少弐　『空海伝の研究―後半生の軌跡と思想―』吉川弘文館
――　二〇二一年　『般若心経秘鍵』解説　『般若心経秘鍵への招待』法藏館
西本昌弘　二〇〇六年　『高野雑筆集』からみた空海と藤原三守の交流　『古代史の研究』第十三号
松長有慶　二〇〇六年　『空海　般若心経の秘密を読み解く』春秋社

初出一覧

本書は、『高野山時報』に十二回（①第三五五九号・令和四年一月一日、②第三五六〇号・同年一月二一日、③第三五六一号・同年二月一日、④第三五六三号・同年二月二一日、⑤第三五六四号・同年三月一日、⑥第三五六五号・同年三月一一日、⑦第三五六六号・同年三月二一日、⑧第三五六七号・同年四月一日、⑨第三五七六号・同年七月一一日、⑩第三五七七号・同年七月二一日、⑪第三五八一号・同年九月一一日、⑫第三五八二号・同年九月二一日）にわたり連載したものを骨子とする。ただし、第三章を中心に大幅に加筆・改稿した。

また、各章で取りあげた主題は以下の拙稿を参照し、加筆・改稿した。

エピローグ　新稿

第一章「『般若心経秘鍵』撰述年代考」『高野山史研究』第二号、一九七八年。

第二章「『般若心経秘鍵』解説」高野山真言宗布教研究所編『般若心経秘鍵への招待』二〇二一年、法藏館。

第四章「『般若心経秘鍵』解説」高野山真言宗布教研究所編『般若心経秘鍵への招待』二〇二一

一年、法藏館。

第五章「『般若心経秘鍵』上表文攷」拙著『空海伝の研究―後半生の軌跡と思想―』二〇一五年、吉川弘文館、五〇～六七頁。初出は『空海研究』創刊号、二〇一四年。

〈著者紹介〉

武内孝善（たけうち・こうぜん）

1949年、愛媛県生まれ。1977年、高野山大学大学院博士課程単位取得退学。その後2年間、東京大学史料編纂所に内地留学。1981年から1997年、『定本弘法大師全集』の編纂に従事。2002年から2012年、文化庁文化審議会専門委員（文化財分科会）。2013年7月設立の「空海学会」初代会長に就任。現在、高野山大学名誉教授。空海研究所長。博士（密教学）。専門は、日本密教史、特に空海伝・初期真言宗教団成立史。第32回日本印度学仏教学会賞、密教学術奨励賞（1992・2007年の二回）受賞。著書に『弘法大師空海の研究』『空海伝の研究　後半生の軌跡と思想』（吉川弘文館）、『空海はいかにして空海となったか』（KADOKAWA）、『弘法大師　伝承と史実―絵伝を読み解く―』（朱鷺書房）、『「弘法大師」の誕生―大師号下賜と入定留身信仰』（春秋社）など、共著に『あなただけの弘法大師　空海』（小学館）、『空海と密教美術』（洋泉社）、『遣唐使船の時代―時空を駆けた超人たち―』（KADOKAWA）、『般若心経秘鍵への招待』（法藏館）など多数。

天皇と般若心経
――空海『般若心経秘鍵』上表文を読み解く

2023年1月20日　初版第1刷発行

著　　者　武内孝善
発 行 者　神田　明
発 行 所　株式会社 春秋社
〒101-0021　東京都千代田区外神田2-18-6
電話　03-3255-9611（営業）
　　　03-3255-9614（編集）
振替　00180-6-24861
https://www.shunjusha.co.jp/
装 幀 者　伊藤滋章
印刷・製本　萩原印刷株式会社

ISBN978-4-393-17295-7　　定価はカバー等に表示してあります

武内孝善
「弘法大師」の誕生
大師号下賜と入定留身信仰

どのような経緯で大師号が与えられたのか、高野山で今もなお生前の姿でいるという伝説はどのようにして生まれたのか。弘法大師の謎を史料から緻密に解き明かした初めての書。

2970円

竹村牧男
空海の言語哲学
『声字実相義』を読む

『声字実相義』の解説を中心に、それまでのインド仏教の中観・唯識の言語観を踏まえて、空海の密教的言語哲学の独自性を明確に解説した画期的論考。井筒俊彦の空海論にも言及。

3520円

高木訷元
空海
還源への歩み

空海の生涯を文献学的手法を用いて解明。その結果、入唐にまつわる新事実が判明！　また、空海の著作を通底する思想も明らかに。現在、最も空海を知ることができる一冊。

2750円

松長有慶
訳註　般若心経秘鍵

空海が真言密教の立場から『般若心経』を解釈した『般若心経秘鍵』を、その思想全般にも触れながら明快に読解。『空海　般若心経の秘密を読み解く〈増補版〉』の改題新版。

2420円

▼価格は税込(10%)